# MAYA

*Eine Figur aus Jade, gefunden in Copán, Honduras.*
FOLGENDE DOPPELSEITE*: In der Abendsonne leuchten Nonnenviereck, Schildkrötenhaus und Wahrsagerpyramide von Uxmal im mexikanischen Bundesstaat Yucatán.*

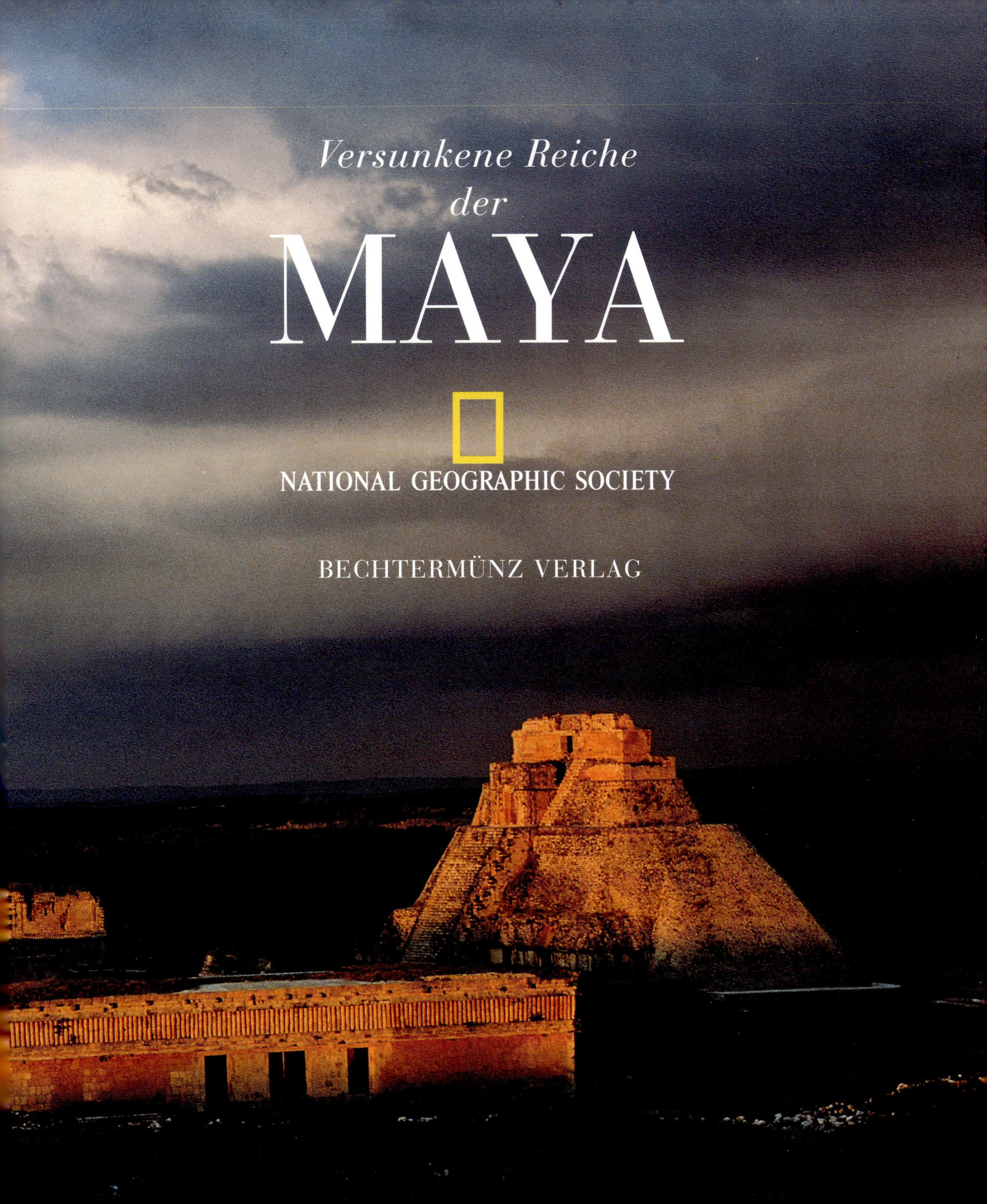

*Versunkene Reiche der*

# MAYA

NATIONAL GEOGRAPHIC SOCIETY

BECHTERMÜNZ VERLAG

Titel der amerikanischen Originalausgabe: Lost Kingdoms of the Maya



Gilbert M. Grosvenor, *Präsident und Vorsitzender*
Michaela A. English, *Vizepräsidentin*

KONZEPTION: VERLAGSBEREICH BUCH
William R. Gray, *Vizepräsident und Direktor*
Margery G. Dunn, Charles Kogod, *Stellvertretende Direktoren*

MITARBEITER AN DIESEM BUCH
Ron Fisher, *Lektorat*
John G. Agnone, *Bildredaktion*
Jody Bolt, *Art Director*
Victoria Cooper, Bonnie S. Lawrence, *Dokumentation*
Edward Lanouette, Bonnie S. Lawrence, Gene S. Stuart, Jennifer C. Urquhart, *Bildunterschriften*
Carl Mehler, *Dokumentation, Kartographie*

Sandra F. Lotterman, *Lektoratsassistenz*
Karen Dufort Sligh, *Assistenz Bildredaktion*
Lewis R. Bassford, *Produktionsleiter*
Heather Guwang, H. Robert Morrison, Richard S. Wain, *Produktion*
Karen F. Edwards, Elizabeth G. Jevons, Artemis S. Lampathakis, Teresita Cóquia Sison, Marilyn J. Williams, *redaktionelle Mitarbeit*

HERSTELLUNG UND QUALITÄTSKONTROLLE
George V. White, *Direktor*
John T. Dunn, *Stellvertretender Direktor*
Vincent P. Ryan, Organisation,
und R. Gary Colbert

Deutsche Ausgabe

Weltbild Verlag GmbH, Augsburg 1998

Übertragung ins Deutsche:
Dr. Mara Huber, Freiburg
Umschlaggestaltung: Studio Höpfner-Thoma, München
Gesamtherstellung: Appl, Wemding
Printed in Germany
ISBN 3-86047-808-7

*Noch unter einer Decke aus Erde erscheinen vielleicht 1500 Jahre alte Götter und Herrscher der Maya, die 1990 im mexikanischen Bundesstaat Campeche gefunden wurden.*

Kenneth Garrett (oben und Seite 1); David Allen Harvey (vorhergehende Doppelseite)

*Wie Farbe rinnt es von den Händen traditioneller Weberinnen in Guatemala, die einen Webstuhl hochhalten.*

Gianni Vecchiato

Der Río Usumacinta fließt an den alten Ruinen von Yaxchilán in Mexiko vorbei. Entdecker halfen im 19. Jahrhundert, die Mayaruinen ans Licht zu bringen; im 20. Jahrhundert erklären Forscher die Kultur. Rechts: Ein Kopf aus Stein aus Copán, der sich in einem Spiegel im British Museum reflektiert, stellt vielleicht einen Herrscher der Stadt dar.

FOLGENDE DOPPELSEITE: *Schweiß und Mühsal haben die Mayagesellschaft fast 4000 Jahre erhalten. Ein Bauer in Solola (Guatemala) bestellt den fruchtbaren, vulkanischen Boden.*

Kenneth Garrett; Otis Imboden (rechts); David Allen Harvey (folgende Doppelseite)

# Einführung

*George E. Stuart*

Es ist der 1. März 1517, irgendwo an der Nordostküste der Halbinsel Yucatán. Drei spanische Brigantinen unter dem Kommando von Francísco Hernández de Córdoba, von Santiago de Cuba aus in See gestochen, liegen in den türkisfarbenen Gewässern vor einer Küste, die bis zu diesem Tag noch niemand kannte. Von einem der Schiffe erblickt der Soldat und spätere Chronist Bernal Díaz del Castillo die schimmernde Silhouette einer Stadt, die sich über den Bäumen hinter dem Strand erhebt. Diese Ortschaft, erinnert er sich später, war »größer als irgendeine auf der Insel Kuba, so daß wir sie Groß-Kairo nannten«.

Córdobas Männern gelang es nicht, das Große Kairo mit Muße in Augenschein zu nehmen. Die freundlichen Maya, die an den Strand kamen, ließen sich von den lächelnden Fremden, die Geschenke bei sich hatten und Waffen trugen, nicht täuschen; an Land lockten sie einige der Spanier in ein heftiges Scharmützel, aus dem diese verwundet und mit knapper Not entkamen. Dadurch vorsichtig geworden, fuhren die Entdeckungsreisenden nur bei Tag und »mit größter Wachsamkeit« weiter an der Küste entlang.

Weder Historiker noch Archäologen konnten bisher das Große Kairo sicher lokalisieren. Manche vermuten Díaz del Castillos Entdeckung auf der Isla Mujeres, östlich des modernen Badeorts Cancun. Viele glauben in ihr die Ruinen von Ecab weiter nördlich auf dem Festland zu erkennen. Wo Groß-Kairo auch gelegen haben mag – es vermittelte den Seglern einen ersten Eindruck von einer Welt, die sich von ihrer eigenen gänzlich unterschied. Córdoba und seinen Männern, ganz dem mittelalterlichen Denken verhaftet, zivilisierte Gesellschaften könne es nur in Europa geben, war die Vorstellung unmöglich, aber heute wissen wir es: Hinter der Stadt lag ein dichtbesiedeltes Land, gewachsen aus einer Kultur, die damals schon seit Jahrtausenden bestand. Und die Maya, die sie empfingen, waren die ersten Beteiligten eines Dramas, an dessen Ende der Untergang ihrer Hochkultur stand.

»Die Maya selbst«, daran erinnert uns der Archäologe Michael D. Coe von der Universität Yale, »sind jedoch nicht verschwunden.« Heute leben über vier Millionen Maya, die rund dreißig verschiedene Sprachen und Dialekte sprechen, in den Bergen und Ebenen eines Gebietes, das fast so groß ist wie die Bundesrepublik.

Das Land der Maya umfaßt die mexikanischen Bundesstaaten Tabasco, Chiapas, Campeche, Yucatán und das Territorium Quintana Roo sowie die Staaten Belize, Guatemala, Honduras und El Salvador. Sie leben heute meist vom Feldbau in Dörfern und kleinen Städten im Hochland der pazifischen Abdachung zwischen dem südlichen Mexiko und Honduras und im Tiefland der Halbinsel Yucatán, die zwei Drittel des Gebiets der Maya ausmacht.

Zwischen etwa 250 und 900 n. Chr., in einer Periode, die die Archäologen das klassische Zeitalter nennen, kultivierten die Maya den tropischen Wald und formten eine der bemerkenswertesten Zivilisationen der Antike. Bauern mit ungewöhnlichen Fähigkeiten, eine starke Oberschicht und geschickte Handwerker waren die Stützen ihrer Gesellschaft. Ihre großen Städte, ihre Architektur und ihre Kunst waren dem Glanz der alten Hauptstädte Asiens und Afrikas ebenbürtig. Ihre intellektuellen Leistungen in der Kunst der Schrift, der Mathematik und Astronomie sind gleichrangig mit denen der Araber und Hindus. Und anders als im Mittleren Osten und Ägypten erbrachten die Maya ihre Leistungen, ohne daß sie Rad, Lasttiere und Metallwerkzeuge als Hilfsmittel kannten.

1576 besuchte der spanische Beauftragte Diego García de Palacio in einem bewaldeten Flußtal des südöstlichen Mayagebiets den Ort Copán; dort fand er »die Ruinen herrlicher Tempel, die beweisen, daß hier einst eine große Stadt stand«. Viel später, 1848, berichtete Modesto Méndez, Gouverneur der guatemaltekischen Provinz Petén, der Außenwelt von der riesigen Ruinenstadt Tikal. »Die Entdeckung dieser Paläste, Plätze, Gräben, Statuen und Buchstaben in Stein und Holz ist ein immenses Feld, von dem Dichter und Historiker, wie sie sehen werden, Vorteil und Nutzen ernten können.«

Méndez hatte recht, aber selbst er wäre über die Anzahl und Vielfalt der Menschen erstaunt gewesen, die die Geheimnisse der Maya zu ergründen suchten. Seit Beginn des 19. Jahrhunderts haben sich Hunderte – darunter Abenteurer und Geschäftemacher, Hobbygelehrte und Missionare – darangemacht, das Rätsel der Ruinenstädte zu lösen. Das Rüstzeug dazu aber stellt, wie wir heute wissen, die wissenschaftliche Archäologie zur Verfügung; doch sie begann im Mayagebiet erst Ende des 19. Jahrhunderts, als diese Disziplin noch jung war. Seit damals haben sich die Methoden ständig verbessert, und immer mehr Wissenschaftler und Laien haben an Ausgrabungen teilgenommen – unter ihnen Anthropologen, Ethnohistoriker, Geographen, Kunsthistoriker, Linguisten und Schriftforscher. Insgesamt acht Generationen von Fachleuten aus vielen Ländern haben bislang über die Geschichte der Menschen, über Beständigkeit und Wandel im Land der Maya berichtet.

Aufgrund bestimmter kulturhistorischer Merkmale läßt sich die Geschichte der Maya in fünf Perioden einteilen. In der vorklassischen Zeit, von etwa 2000 v. Chr. bis 250 n. Chr., entstanden auf der Grundlage einfacher Feldbaukulturen frühe Siedlungen, die Hieroglyphenschrift entwickelte sich, und ab etwa 600 v. Chr. entstanden die ersten Bauten. In die klassische Periode, zwischen etwa 250 und 900 n. Chr., fiel die Blütezeit der Mayakultur (600 bis 850 n. Chr.): An zahlreichen Orten waren Zeremonialzentren und Städte mit akropolisartigem Mittelpunkt entstanden, die Kultur der Maya hatte ihre größte Ausdehnung erreicht. Zugleich jedoch machten sich, besonders im Hochland von Guatemala, erste Anzeichen des Niedergangs bemerkbar, und schließlich wurde ein Zeremonialzentrum nach dem anderen aufgegeben.

In der nachklassischen Zeit (900 bis 1521) erlebte der Norden Yucatáns unter den aus dem Hochland von Mexiko eingedrungenen Tolteken (um das Jahr 1000) eine neue Blüte. Es bildete sich eine Reihe von Stadtstaaten, deren Fehden zum Niedergang der Mayakultur führten, und es letztlich den Spaniern erleichterten, die Halbinsel Yucatán zu erobern.

Die Kolonialzeit (1521–1821) brachte den Mayastaaten die Unterwerfung durch die Spanier, die 1524 im Hochland begann und 1547 mit der Eroberung Yucatáns endete. Der letzte unabhängige Mayastaat, Tayasal im Herzen des südlichen Tieflands, fiel 1697 an die spanische Krone.

# Die Welt der Maya

*Das sogenannte Mesoamerika, ein vielgestaltiges Kernland, war Nährboden großer antiker Kulturen. In einem Gebiet, das vom Norden Zentralmexikos bis Costa Rica im Süden reicht, hatten einfache Bauernvölker schon 2000 v. Chr. gemeinsame religiöse Riten und Lebensweisen. Die Staaten der Olmeken, Zapoteken, der Erbauer von Teotihuacán, der Azteken und Dutzende andere entwickelten sich hier. 1500 v. Chr. hatten sich lokale Kulturen herauskristallisiert, und Könige beherrschten relativ kleine Reiche von wachsenden Städten aus. In dieser Periode, von den Forschern die Vorklassik genannt, blühte die Zivilisation der Maya im südlichen Hochland und im Tiefland, das sich über die Halbinsel Yucatán und an der Küste des Pazifiks, des Golfs und der Karibik nach Norden erstreckte. In der Klassik ab etwa 250 n. Chr. herrschten Adel und Priester über mächtige Stadtstaaten; es war die hohe Zeit der südlichen Städte wie Tikal, Yaxchilán und Copán. Die Maya der Klassik zeichneten sich in vielen intellektuellen Bereichen aus – darunter Schrift und Kalender –, aber die südlichen Städte ereilte um 900 der Niedergang.*

0 50 100 150 KM
Grabungsstätte
Stadt
Mexikanische Bundesstaaten
MEXIKO
Campeche
YUCATAN
HALBINSEL YUCATAN
CAMPECHE
QUINTANA ROO
PUUC
TABASCO
CHIAPAS
PETEN
BELIZE
GUATEMALA
HONDURAS
EL SALVADOR
KARIBISCHES MEER
GOLFO DE HONDURAS
PAZIFISCHER OZEAN
Isla Cerritos
Ecab
Isla Mujeres
Cancun
Sisal
Komchen
Dzibilchaltún
Mérida
Izamal
Chichén Itza
Balkanche Cave
Acanceh
Telchaquillo
Valladolid
Mayapán
Coba
Yaxuna
Dzitnup Cenote
Ticul
Mani
Uxmal
Oxkutzcab
Kabah
Sayil
Labna
Tulum
Isla de Cozumel
Jaina
Campeche
Edzna
Xicalango
Laguna de Terminos
Bahía de Chetumal
Becan
Chicanna
Rio Bec
Chetumal
Kohunlich
Cerros
Comalcalco
Calakmul
Cuello
Balancán
El Mirador
Nakbe
Rio Azul
Lamanai
Palenque
Río Usumacinta
Uaxactun
Barton Ramie
Tikal
Holmul
Belmopan
Piedras Negras
Naja
Naranjo
Buenavista de Cayo
San Jose
Lago de Peten Itza
Flores (Tayasal)
Caracol
San Juan Chamula
Tenejapa
Tonina
Yaxchilán
Bonampak
Corozal
Zinacantan
San Cristobal de las casas
Río Lacantun
Dos Pilas
Glover Reef
Naj Tunich
Islas de la Bahía
Río Dulce
Nito
Todos Santos
Nebaj
San Juan Chamelco
Huehuetenango
Momostenango
Río Montagua
Quirigua
Naco
Quiche
Joyabaj
San Andres Xecul
Quezaltenango
Solola
Chichicastenango
Copan
Zunil
Iximche
Jocotan
Río Copan
Lago de Atitlan
San Antonio
Santiago Atitlan
Guatemala
Antigua Guatemala
Tegucigalpa
Tazumal
Ceren
San Salvador

In der Moderne (ab 1821) folgte die Ausbeutung durch die Weißen. Die Maya wurden um ihr Land gebracht, sie verloren ihre Selbständigkeit, waren gezwungen, sich als Wanderarbeiter zu verdingen. In mehreren Aufständen und Kriegen suchten sie sich zu befreien, um schließlich noch stärker unterdrückt zu werden.

Die mexikanischen Hochkulturen und die Mayakulturen der vorspanischen Zeit – archäologische Funde haben dies immer wieder gezeigt – weisen trotz ihrer individuellen Ausprägung eine einheitliche Basis auf, und im Laufe ihrer Geschichte haben sie sich gegenseitig nachhaltig beeinflußt. Ihr Gebiet umfaßte die heutigen Länder Mexiko (ohne die nördlichen, an die USA angrenzenden Bundesstaaten), Guatemala, Belize, El Salvador und Westhonduras, das mit dem kulturgeographischen Begriff Mesoamerika bezeichnet wird. Dieser Terminus geht auf den deutschen Archäologen Paul Kirchhoff zurück, um eine Unterscheidung zur geographischen Bezeichnung Mittelamerika zu ermöglichen.

Die Ähnlichkeiten zeigen sich in vielerlei Hinsicht, im Ackerbau, der Astronomie oder der Baukunst, in den Pyramiden, Tempeln und Plätzen, die die Ausgrabungsstätten von Teotihuacán in Mexiko bis Tazumal in El Salvador kennzeichnen.

Bei aller Gemeinsamkeit gab es eine überwältigende Vielfalt von Sprachen, Kunst- und Baustilen oder Riten; sie manifestierten sich bei den Olmeken, den Zapoteken, der Gesellschaft, die Teotihuacán baute, den Mixteken, Azteken und Dutzenden anderer Völker, die Mesoamerika prägten. Die Maya sind nur eines von ihnen, und ihre Geschichte – wie diejenige aller Völker der Erde – kann uns wichtige Eindrücke und Erkenntnisse vermitteln.

Heute wissen wir mehr über die Leistung der Maya als je zuvor, und doch haben wir bislang nur einen Bruchteil ihrer Kultur entschlüsselt. Von den fast 3500 Ausgrabungsstätten im Tiefland und im Hochland, die offiziell registriert sind, ist eigentlich nur eine Handvoll gründlicher untersucht worden, und mit jedem neuen Bericht über eine Ausgrabung wächst deren Anzahl. Und so hat der Forscherdrang auch dieses Buch eingeholt. Vor dem Erscheinen der deutschen Ausgabe dieses Bandes wurden im mexikanischen Bundesstaat Campeche die Ruinen einer Stadt entdeckt, die Nadz Caan genannt wurde. Mit 60 Quadratkilometern Ausdehnung war sie größer als die berühmte Ruinenstadt Chichén Itzá. Über 40 pyramidenartige Bauwerke sind erhalten, durchschnittlich 50 Meter hoch, über einer Seitenlänge von etwa 200 Metern. Errichtet wurde sie von den Maya wahrscheinlich zwischen 600 und 300 v. Chr. So fügt sich nun in die Reihe der archäologischen Stätten der Maya eine weitere, und sie bringt uns vielleicht einen kleinen Schritt näher an die vielen Geheimnisse, die noch im Land verborgen sind.

*Ein olmekischer Jüngling aus Las Limas im mexikanischen Veracruz hält ein göttliches Jaguarmenschen-Baby auf dem Schoß. Die Olmeken entwickelten in ihrer Blütezeit von 1200 bis 400 v. Chr. Vorbilder der mesoamerikanischen Kultur.*



Richard Alexander Cooke III.

*In den Stein gemeißelte Handschrift: Die insgesamt 63 Stufen der 8 Meter breiten Hieroglyphentreppe in Copán sind ganz von Hieroglyphen bedeckt. Die etwa 2500 Zeichen stellen die längste Hieroglypheninschrift des Mayagebiets dar und umfassen Daten aus den Jahren von 553 bis 751 n. Chr. Ein Herrscher namens Rauch-Schale bestätigte die Bedeutung der Stadt, indem er die Treppe zu Ehren seiner dynastischen Ahnen baute, nachdem der Herrscher Achtzehn Kaninchen von Feinden enthauptet worden war.*

Richard Alexander Cooke III.; Kenneth Garrett (folgende Doppelseite)

Folgende Doppelseite: *Auf einer neunstufigen Pyramide steht der Tempel der Inschriften im mexikanischen Palenque. 1952 offenbarten Ausgrabungen hier zum erstenmal, daß solche Bauten auch die Grabkammern der Mayaelite bergen können. In dieser fanden sich die Überreste des Königs Pacal aus dem 7. Jahrhundert. Der Kreuztempel, östlich des Inschriftentempels, ehrt seinen Sohn und Nachfolger.*

Justin Locke; David Allen Harvey (rechts)

*Getragen von langer Tradition gehen die Maya des Hochlands durch die Welt von heute. Bunte Bänder wehen an den Hüten junger Männer aus Zinacantan im mexikanischen Bundesstaat Chiapas; sie erinnern an den Federkopfschmuck der Mayaelite. Rechts: Eine Frau aus dem benachbarten Tenejapa paßt sich der Kälte des Gebirges an und trägt einen warmen Pullover in westlichem Stil zu ihrem traditionellen Wickelrock. Ihre Begleiterin trägt eine verzierte Bluse, wie es sie nur in ihrem Dorf gibt. Mit subtilen Abwandlungen in den Mustern identifizieren die Weberinnen des Hochlands ihre Dörfer und bekräftigen ihren Glauben an alte Naturgottheiten.*

# Entdeckung

*Kraggewölbe auf einem Hügel in der Region Puuc in Yucatán. Mitte des 18. Jahrhunderts begann sich herumzusprechen, daß im Wald »Steinhäuser« seien; Dutzende von Fundstätten harren der Erforschung.*

Frederick Catherwood, der Maler einer versunkenen Welt, hielt die Wunderwerke der Mayakultur mit detaillierten, akkuraten Zeichnungen fest – hier die Ruinen in Labná (Yucatán).

*Rechts: Rund 300 Jahre früher schrieb Diego de Landa, später der zweite Bischof von Yucatán, einen Bericht über die Maya zur Zeit der Eroberung, zusammen mit einer Erklärung ihrer Schrift.*

FOLGENDE DOPPELSEITE: *Von Dickicht umgebene Tempel überragen das Stadtzentrum von Tikal auf einem Foto des englischen Fotografen und Entdeckers Alfred Percival Maudslay (ca. 1885).*

Aus: John Lloyd Stephens: Incidents of Travel in Yucatán, 1843; Léon de Rosny: Essai sur le Déchiffrement de l'Ecriture hieratique de l'Amérique Central, 1876 (rechts); Richard Alexander Cooke III. (vorhergehende Doppelseite); Alfred P. Maudsley (folgende Doppelseite)

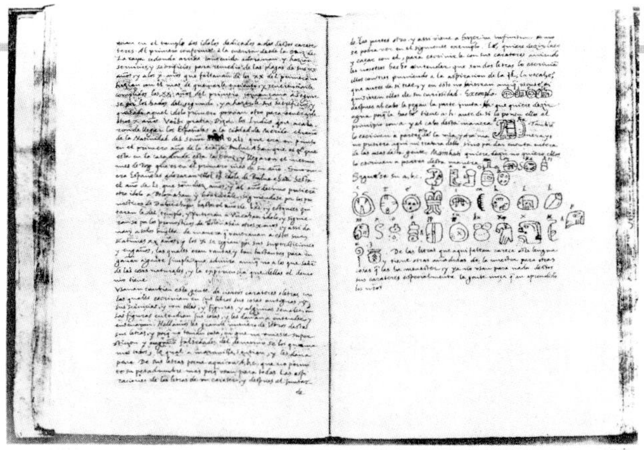

# »Stolze Paläste«

*George E. Stewart*

Im feuchten Dunst eines tropischen Herbstmorgens überquerten John Lloyd Stephens und seine Begleiter auf ihren Maultieren den flachen, steinigen Fluß und folgten einem rutschigen Pfad bis an den Fuß einer alten Steinmauer; dort stiegen sie ab. Sie drangen in einen dichten, düsteren Wald ein und blieben staunend vor Skulpturen stehen, die zwischen den Bäumen herausragten; dann stiegen sie, gefolgt von dem Geraschel neugieriger Klammeraffen im Blattwerk über ihnen, eine alte Treppe hinauf und fanden sich im Hof einer riesigen, geheimnisvollen Akropolis.

Stephens, ein New Yorker Anwalt, der als Reiseschriftsteller reüssiert hatte, und sein Begleiter, der britische Maler Frederick Catherwood, waren aufgrund von Büchern nach Mittelamerika gekommen, die sie erst Monate zuvor in New York gelesen hatten. Die Werke hatten von drei rätselhaften Ruinen – eines sprach von »Steinhäusern« – im mexikanischen und mittelamerikanischen Hinterland berichtet: Palenque, Uxmal und Copán. Wie Stephens es mit typischem Understatement ausdrückte: »Sie erregten unsere Neugier.« Im Herbst 1839, als sie ehrfurchtsvoll vor den zerfallenen Bauten von Copán standen, waren Stephens und Catherwood am Anfang der bemerkenswertesten Reise, die je durch die Welt der Maya unternommen wurde. In zwei Expeditionen bereisten sie bis 1842 das Mayagebiet zu Fuß, auf Maultieren und im Kanu. Geplagt von Krankheiten und den Unruhen im Land, geleitet oft nur von Gerüchten der Einheimischen, gelang es ihnen, die meisten der inzwischen berühmten Städte der alten Maya zu besuchen: Copán, Quiriguá, Palenque, Uxmal, Chichén Itzá, Tulum und viele andere.

Anders als seine Vorgänger war John Lloyd Stephens der richtigen Ansicht, daß die Maya selbst die Erbauer der Städte waren, die er gesehen hatte, und er schloß mit instinktiver Logik, daß die in den Stein gemeißelten Hieroglyphen die Geschichte ihrer Könige beschrieben. Was Datum, Herkunft und Schicksal der Mayastädte betraf, so drückte Stephens es treffend aus: »Alles war Geheimnis, dunkles, undurchdringliches Geheimnis.« Während er über das Rätsel der Ruinen nachdachte, begannen sich auf beiden Seiten des Atlantiks Anhaltspunkte anderer Art zu zeigen. In den lokalen Archiven von Yucatán hatte der Forscher Juan Pío Pérez Dokumente aus der Kolonialzeit gefunden, die in der Mayasprache, aber mit dem Alphabet der Eroberer geschrieben waren. Sie enthielten Stücke tradierter Geschichte, Astrologie und Prophezeiungen, oft bezogen auf die Reste des alten Kalenders.

Anfang des 18. Jahrhunderts wurde einem spanischen Priester in Chichicastenango in Guatemala eine Handschrift vorgelegt. Sie stammte aus dem 16. Jahrhundert und war in der Sprache der Quiché-Maya, aber in lateinischer Schrift abgefaßt; der Titel lautet »Popol Vuh« oder »Buch des Rates«. Es enthält die Mythologie und Geschichte der Hochland-Maya und gehört zu den größten literarischen Werken der amerikanischen Ureinwohner.

1863 machte der unermüdliche französische Geistliche Brasseur de Bourbourg, der schon geholfen hatte, europäischen Lesern den »Popol Vuh« zugänglich zu machen, eine weitere wunderbare Entdeckung. In Madrid stieß er auf ein Exemplar des lange verschollenen »Relación de las Cosas de Yucatán«, »Bericht über die Angelegenheiten von Yucatán«. Er war rund 300 Jahre zuvor von dem spanischen Franziskaner Diego de Landa verfaßt worden, der seit 1572 Bischof von Mérida (Yucatán) war. Das Dokument lieferte Informationen über die nördliche Mayagesellschaft aus dem Jahrzehnt nach der spanischen Eroberung.

In den achtziger Jahren des 19. Jahrhunderts setzte der Engländer Alfred Percival Maudslay die Suche im Mayagebiet fort. Auf den Spuren von Stephens, Catherwood und anderen erstellte er ein Kompendium alter Mayabauten, Skulpturen und Hieroglyphentexte – ein einzigartiges und dauerhaftes Geschenk für die Mayaforschung. 1892 standen bereits eine stattliche Anzahl von Veröffentlichungen alten Mayamaterials zur Verfügung: drei Codices der Maya, die nach Dresden, Paris und Madrid gelangt waren, dazu einige Chroniken des alten Yucatán, der »Popol Vuh«, der Landa-Bericht und natürlich die Ruinen selbst. Wie der mexikanische Forscher Ignacio Bernal es ausdrückt: »Das Tempo der Arbeit wurde hitziger, und Grundlagen wurden gelegt.«

Wissenschaftliche Ausgrabungen der Mayastätten begannen in Copán in den neunziger Jahren des 19. Jahrhunderts unter der Schirmherrschaft des Peabody Museum der Universität Harvard und kamen 1912 in Holmul in Guatemala zur Reife: Dort legte Raymond Merwin behutsam die aufeinanderfolgenden Schichten von Bauten frei und erkannte ihre Altersunterschiede. Nach dem Ersten Weltkrieg wurde die Mayaarchäologie unter der enthusiastischen Führung von Sylvanus G. Morley und der Carnegie Institution in Washington D. C. vorangetrieben. In der Zeit von 1924 bis 1958, die für viele noch das Goldene Zeitalter der Mayaforschung bedeutet, arbeiteten viele Carnegie-Forscher über die Maya. Während sie Informationen zu jedem vorstellbaren Thema über die Maya sammelten – von moderner Volksmedizin und Körpermaßen bis zur Entzifferung der Hieroglyphen und der Geschichte –, wurden von Teams der Tulane University, des British Museum und anderen neue Ruinen der Selva Lacandona bis zum Inneren Belizes kartiert, ausgegraben und beschrieben.

Unterdessen hatte 1952 die fast zwanzigjährige Erforschung des Mayagebiets durch das mexikanische Instituto Nacional de Antropologia y Historia mit Alberto Ruz' aufsehenerregender Entdeckung einer Grabkammer unter dem Tempel der Inschriften in Palenque einen Höhepunkt erreicht. Das University Museum of Archaeology and Anthropology in Philadelphia widmete sich in den dreißiger Jahren der Erforschung der Piedras Negras und begann 1956 in Zusammenarbeit mit guatemaltekischen Wissenschaftlern ein gewaltiges archäologisches Projekt in Tikal.

Seit ihren Anfängen hat sich die Mayaarchäologie ebenso verändert wie die Kultur, die sie freizulegen sucht. Müßten wir die Evolution dieser Disziplin in Perioden einteilen, so könnten wir rückblickend 1960 als geeignetes Jahr wählen, um eine Zäsur zwischen traditioneller Mayaarchäologie und der Wissenschaft in ihrer heutigen Gestalt zu setzen.

In der Periode der traditionellen Archäologie entstand anhand der Schichtung der Keramik in Uaxactún und anderen Ausgrabungsstätten, anhand der neu entwickelten Radiokarbon- oder C-14-Methode zur Altersbestimmung und anhand des Verständnisses des Kalenders in den Codices und Inschriften eine grundlegende Mayachronologie. Bis 1960 konnten jedoch in den Hunderten glyphischer Texte nur die kalendarischen Angaben mit Sicherheit gelesen werden, so daß die Maya als ein von der Zeit besessenes Volk erschienen. Und da die Archäologen generell nur die größten Bauten an jeder Fundstätte ausgegraben hatten, erschienen die Maya als eine Zivilisation ohne Städte. Die Maya, so meinten viele, waren eine friedliche Gesellschaft, bestehend aus Bauern und einem Priesteradel kontemplativer Astronomen, die im Schatten leerer »Kultzentren« lebten, versorgt von Hausmeisterpriestern, die sich vornehmlich mit Göttern und Himmelsbewegungen befaßten. Und die meisten waren sich einig, daß sie offenbar in fast völliger Isolation zur Größe gelangten, unbeeinflußt von ihren Nachbarn. Kurz, die Maya wurden als ein Volk gesehen, das anders war als jedes, von dem man je gehört hat.

Seit 1960 hat sich unser Bild von den Erbauern der alten Städte dramatisch gewandelt. Ein Teil der Gründe liegt in den Fluten entzifferter Hieroglyphentexte; hier leisteten die Schriftforscher Juri Knorosow, Heinrich Berlin und Tatjana Proskouriakoff Pionierarbeit. Die Inschriften beschreiben hauptsächlich Leben und Laufbahn der Herrscher und der Menschen an ihren Höfen. In der Archäologie haben gründliche Kartierungen und bessere Methoden der Stichprobenentnahme an Fundstätten zu einer Vielzahl neuer Schlußfolgerungen geführt. Siedlungsstudien, vor allem die von Harvards Gordon R. Willey in Barton Ramie (Belize), erfassen jetzt nicht mehr nur die großen Paläste und Pyramiden der Innenstadt, sondern auch die weniger spektakulären Überreste der Vorstädte. Eine detaillierte Karte des University Museum hilft uns zum Beispiel, Tikal in der Spätklassik als eine dichtbevölkerte Stadt mit vielleicht 55 000 Einwohnern zu sehen. Ausgrabungen in allen Teilen Tikals ließen eine Gesellschaft erkennen, die viel komplexer war, als man es sich früher hätte vorstellen können.

Der Prozeß, die alten Maya zu verstehen und zu erklären, wird wahrscheinlich nie enden. Verfeinerte Techniken der Erkundung durch Satelliten revidieren gerade jetzt unsere Sicht von der Beziehung zwischen den alten Maya und ihrer Umgebung im Hinblick auf die Veränderungen, die beide offenbar durchmachten. Unterdessen geht die Entzifferung der alten Texte weiter, die jetzt per Computer geschieht. Mit ihrer Hilfe können wir die Gedanken der Erbauer jener Städte lesen, die Stephens fand.

Die Entdeckungsgeschichte der Maya endet in Copán, wo sie begann. Die Stadt und ihr Tal wurden unter der Schirmherrschaft des honduranischen Instituts für Anthropologie und Geschichte fast 20 Jahre erforscht; viele Geheimnisse ihrer Einwohner und der 16 Könige, die in 400 Jahren über sie herrschten, kamen dabei ans Licht.

*Ein mächtiges Gesicht aus Stuck, vom Regenwald zurückerobert, blickt aus dichtem Blattwerk in Piedras Negras. Die in den dreißiger Jahren dieses Jahrhunderts entdeckte Maske starrte einst von den Wänden einer Stufenpyramide herab.*



Kenneth Garrett

*Arbeiter sichern die Fassade der Akropolis in Copán (rechts). Jahrhundertelange Erosion durch den Fluß Copán hat die Ostseite des Komplexes abgeschnitten, so daß eine Übereinanderschichtung von Bauten sichtbar wird. Freigelegte Gipsböden und gemauerte Wände von 200 Metern Länge und über 40 Metern Höhe zeugen von einer 400jährigen Baugeschichte. Als der Entdecker John Lloyd Stephens Copán 1839 sah, war alles »Geheimnis, dunkles, undurchdringliches Geheimnis«. Rund 50 Jahre später unternahm Harvards Peabody Museum hier großangelegte Ausgrabungen, bei denen Bauten freigelegt und kartiert wurden. In den dreißiger Jahren dieses Jahrhunderts lenkten Wissenschaftler den Fluß um, um weiteren Schäden vorzubeugen. Unten heben Arbeiter in Copán mühsam den Deckelstein eines königlichen Grabes – des ersten, das in hundert Jahren Forschung gefunden wurde. Es barg einen Schreiber, den Sohn des größten Königs der Stadt. Copán ist eine der am gründlichsten untersuchten Fundstätten der Maya.*

Kenneth Garrett (beide)

*Mayaforscher ergründen die Vergangenheit, um eine versunkene Kultur zu rekonstruieren. Die Malerin Barbara Fash und der Konservator Rufino Membreño säubern ein Bodenrelief, das 1992 in Copán entdeckt wurde. Es wurde zur Weihe eines dynastischen Tempels angefertigt und unter der Hieroglyphentreppe ausgegraben. Projektleiter William L. Fash nennt es den »Grundstein von Copán«, denn es etablierte Copán als Zentrum des Königskultes. Geschwärzte Überreste von Federschmuck lagen auf dem Stein, wahrscheinlich als Opfergabe dort hingelegt. Der verwitterte Stein zeigt zwei Herrscher mit Machtinsignien und prächtigem Kopfputz, die einer Reihe von Glyphen gegenübersitzen. Die linke Figur ist der Gründer der Dynastie von 16 Königen, die Copáns Größe über fast 400 Jahre sicherten; die andere Figur kann sein Sohn und Nachfolger Matten-Kopf sein. Jüngst entzifferte Glyphen und spektakuläre Funde in Gräbern geben die Namen und Daten der Herrscher von Copán an. Ähnlich geben Untersuchungen der Siedlungsmuster Einblick in die Vorstädte und die Menschen, die dort arbeiteten, um die Herren von Copán zu versorgen.*

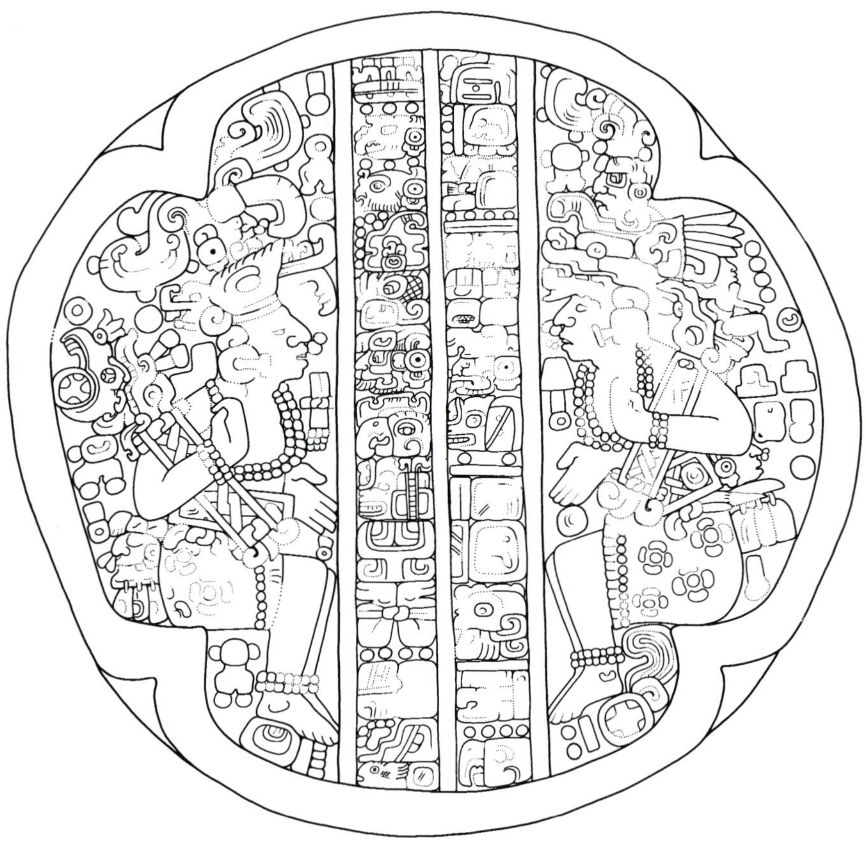

Joseph H. Bailey (Fotograf National Geographic); Barbara Fash (links)

»Stolze Paläste«:

# *Frederick Catherwood*

Er stand mit den Füßen im Schlamm und zeichnete mit Handschuhen, um seine Hände vor den Moskitos zu schützen«, erinnert sich John Lloyd Stephens an einen feuchten, drückenden Novembermorgen 1839. Sein Begleiter, der Maler Frederick Catherwood, stand in verzweifeltem Staunen da und versuchte unter großen Mühen, die komplexen Details auf dem Relief einer Stele in Copán exakt wiederzugeben.

Damals war Frederick Catherwood 40 Jahre alt. Er war in London geboren, hatte klassische Kunst und Architektur studiert und hatte zwischen 1831 und 1836 große Reisen durch Italien, Griechenland, Ägypten und den Mittleren Osten unternommen. Bald nach seiner Rückkehr nach London begegnete er Stephens, der seinerseits von Touren durch Westeuropa, die Sinaihalbinsel und Jordanien zurückgekommen war und begonnen hatte, sich für Archäologie zu begeistern. Catherwood siedelte nach New York um, und beide machten sich 1839 auf, um die antiken Städte Mittelamerikas zu erforschen.

Catherwoods Problem war nicht neu. Frühere Illustratoren der Mayaskulpturen, ausgebildet in klassischer europäischer Kunst, hatten unabsichtlich den Stil der griechischen und römischen Antike auf ihre Zeichnungen übertragen. Catherwood tat dies nicht. Mit Hilfe seiner eigenen Beharrlichkeit und einer Camera lucida, mit der er die Bilder direkt auf das Papier projizieren konnte, überwand er als erster Künstler die Barriere zum Mayastil. Er produzierte dann Hunderte von Zeichnungen und Gemälden der antiken Mayakunst und -architektur von beispielloser Akkuratesse.

Durch eine Verkettung unglücklicher Ereignisse, die unmittelbar nach den Mayareisen begannen, verlor Frederick Catherwood den größten Teil seines Lebenswerkes bei einem Brand, der das New Yorker Panorama Building am 31. Juli 1844 zerstörte.

Das Vermächtnis dieses unbekannten und weitgehend unbesungenen Helden besteht aus wenigen Skizzen und Aquarellen, den etwa 200 Stichen in Stephens' Büchern und 25 herrlichen, handkolorierten Lithographien der Mayaruinen, die 1844 erschienen.

Catherwood verbrachte seine wenigen verbleibenden Jahre als Ingenieur und Bauleiter für Eisenbahnbauten in Südamerika, Panama und Kalifornien. Als er 1854 beim Untergang der S. S. Arctic im Nordatlantik starb, lautete der einzige, lakonische Pressekommentar Wochen nach dem Unglück: »Auch Mr. Catherwood wird vermißt.«

*Reich detaillierte Lithographien von Frederick Catherwood erweckten die Mayaruinen zum Leben. Hier untersuchen Indios eine Schlange, die am Haus des Gouverneurs in Uxmal getötet wurde.*

Aus: Frederick Catherwood: Views of Ancient Monuments in Central America, Chiapas, and Yucatán, 1844

# Die alten Maya

*Der Siebenpuppentempel in Dzibilchaltún, einer bedeutenden Fundstätte in Yucatán, wahrscheinlich ein Zeremonialzentrum des Sonnenkults während der klassischen Periode.*

*Koralleninseln vor Belize erinnern an den Mayaglauben vom Ursprung der Erde: Auf Geheiß der Götter tauchte das Land wie ein Tier aus dem Meer auf. Rechts: Ein Ausschnitt aus einem Wandgemälde illustriert eine Erklärung der menschlichen Herkunft: Nachdem es ihnen mit Tieren, Lehm und Holz mißlungen war, formten die Götter schließlich Menschen aus Mais.*

FOLGENDE DOPPELSEITE: *In Yucatán ruft ein Schamane Segen auf die Ernte herab. Sein Altar reflektiert die vierseitige Erde der Maya; das Kreuz ist auch ihr Sinnbild des Lebens.*

Kenneth Garrett; Enrico Ferorelli (rechts); David Allen Harvey (vorhergehende und folgende Doppelseite)

# Eine kosmische Sicht

Gene G. Stuart

Die Überlieferung der Quiché ist im »Popol Vuh«, dem »Buch des Rates«, erhalten geblieben. Es vermittelt Einblicke in die Religion und die Mythologie wie über die Schöpfung der Erde und des Menschen: »Da war das ruhende All. Kein Hauch. Kein Laut. Reglos und schweigend die Welt. Und des Himmels Raum war leer. ... Noch war kein Mensch da, kein Tier. Vögel, Fische, Schalentiere, Bäume, Steine, Höhlen, Schluchten gab es nicht. Kein Gras. Kein Wald. Nur der Himmel war da. Noch war das Antlitz der Erde nicht enthüllt. Nur das sanfte Meer war da und des Himmels weiter Raum. Noch war nichts verbunden. Nichts gab Laut, nichts bewegte, nichts erschütterte, nichts brach des Himmels Schweigen. Noch gab es nichts Aufrechtes. ... Aber im Wasser, umflossen von Licht, waren diese: Tzakól, der Schöpfer; Bitól, der Former; der Sieger Tepëu und die Grünfederschlange Gucumátz; Alóm auch und Caholóm, die Erzeuger. ... Große Weisheit und große Kunde ist ihr Wesen.«

Die Götter berieten sich und entwarfen ihren Plan des Universums. »Darauf schufen sie die Erde. ... ›Erde!‹ sagten sie, und im Augenblick war sie geschaffen.«

Obwohl die Schöpfungsversionen der Maya – wie auch andere Glaubensinhalte – nach Ort und Zeit verschieden und in oft unklaren, verwirrenden Bruchstücken erhalten sind, enthalten sie alle bestimmte Grundvorstellungen. Durch Architektur, Kunst, alte Inschriften, Chroniken der Kolonialzeit und moderne Überlieferung entfaltet sich die Religion der Maya.

Sie sahen in der Oberfläche des Landes, das die Götter schufen, den Rücken eines übernatürlichen Tieres, das im endlosen Meer schwamm. Manche stellten sich dieses lebendige Land-Tier als Kaiman vor, andere als Schildkröte.

Alle alten Indios Mesoamerikas hatten eine gemeinsame Kultur. Sie hatten auch viele Mythen gemeinsam. Aztekische Chroniken sprechen von Zyklen der Zerstörung und erneuter Erschaffung der Erde. Ihnen zufolge wurde die Erde viermal geschaffen und zerstört, und wir leben jetzt in der fünften Welt. Eine Mayachronik der Kolonialzeit aus Yucatán, das »Buch von Chilam Balam von Chumayel«, beschreibt ebenfalls mehrere Schöpfungsvorgänge. Nach einem solchen, steht dort, gab es eine große Überschwemmung, und der Himmel verfinsterte sich. Jetzt tragen die vier mythischen Brüder, die Bacabes, den Himmel.

Nachdem die Götter die Erde geformt hatten, so heißt es im »Popol Vuh« weiter, »schufen sie die Tiere des Waldes, die Wächter der Wälder und Berge: Rehe, Löwen, Jaguare, Vögel; und als Wächter der Lianen schufen sie Schlangen, Nattern und Vipern. ... Aber jene konnten nicht wie Menschen sprechen. Sie zischten, schrieen und gackerten. Sie konnten kein Wort formen, und ein jegliches schrie nach seiner Art.« Und so war es der Wille der Götter, »ein Wesen [zu] schaffen, das gehorsam sei und ergeben und uns nährt und erhält«. Die Götter besprachen sich, entwarfen und verwarfen, bis sie aus Mais eine menschliche Gestalt geschaffen hatten. Sie bevölkerten die Erde mit Stämmen, und schließlich erschienen Sonne, Mond und Sterne. »So wurde es Licht durch Sonne, Mond und Sterne«.

Die Mayagötter hatten zu ihrem Schöpfungswerk ein Meßseil benutzt: »Sie halbierten das Seil, spannten das Seil in den Himmel, auf die Erde, die vier Seiten, die vier Ecken.« So legten sie eine organisierte Welt an: Die Oberfläche der Erde bildete eine horizontale Ebene, und jede Ecke lag in einer heiligen Himmelsrichtung. Die Maya ordneten jeder einen Baum, ein Kraut, einen Vogel, eine Farbe und Götter zu. Osten war rot, die Richtung der Wiedergeburt der aufgehenden Sonne. Westen war schwarz, der Ort des Todes und Unterganges der Sonne. Weiß stand für Norden, Gelb für Süden. Im Zentrum der Welt wuchs ein riesiger Kapokbaum, der Weltenbaum. Er vereinte das Universum der Maya. Seine Wurzeln reichten hinab in die schreckliche Unterwelt. Sein Stamm ragte aus der Erde in den Himmel und bildete mit zwei Ästen nach den Seiten eine Art Kreuz.

Dreizehn Schichten bildeten den Himmel und neun die Unterwelt unter der Oberfläche der Erde. Die Maya dachten sie sich als finsteren, elenden Ort der Krankheit und Fäulnis, beherrscht von den neun Gottheiten der Nacht und der Unterwelt. In dieses Reich – manchmal Xibalbá genannt – stieg die untergehende Sonne hinab, um auf ihrer nächtlichen Reise unaussprechliche Gefahren zu bestehen, bis sie mit Glück siegte und neugeboren aufging, um ihre tägliche Reise über den Himmel zu beginnen. Verstorbene Herrscher nahmen ebenfalls diesen gefährlichen Weg und erstanden neu wie die Sonne – als Gottheiten. Der gewöhnliche Maya hatte jedoch wenig Hoffnung, im Tod dem Xibalbá zu entrinnen.

John B. Carlson vom Center for Archaeoastronomy in Maryland schreibt über eine andere mesoamerikanische Kultur: »Der aztekische Kosmos hatte offenbar dreizehn Schichten Oberwelt und neun Schichten Unterwelt, wobei die Erdoberfläche die erste Schicht beider Systeme war.« Für alle alten Mesoamerikaner »betont dies die Funktion der Erde und der Menschenwelt als Schnittstelle zwischen Welten, die von Gottheiten des Tages und Gottheiten der Nacht beherrscht wurden«.

Für die Maya lag also die Erdoberfläche in der Mitte des Universums und diente als sein Anker. Doch alle drei Bereiche waren voneinander abhängige Teile des gesamten Kosmos, nicht getrennte Einheiten. Die Erde war lebendig, und ebenso Himmel und Unterwelt. Robert J. Sharer von der University of Pennsylvania schreibt: »Die Welt der alten Maya war von einer kosmologischen Ordnung beherrscht, die unsere Unterscheidung zwischen Natürlichem und Übernatürlichem transzendierte. Alle Dinge, belebt oder unbelebt, waren von einer unsichtbaren Macht durchdrungen.«

»Dies ist ein Weltbild der amerikanischen Ureinwohner«, sagt der Anthropologe Peter T. Furst, ebenfalls von der University of Pennsylvania. »Sie ist panamerikanisch, diese Vorstellung vom Übernatürlichen und von der menschlichen Beziehung zur Natur. Es gab einen Glauben an die Verwandlung des Menschen. Die ekstatische Trance war die höchste religiöse Erfahrung. So wurde im tropischen Südamerika wie auch in Mesoamerika ein Schamane im Wesen ein Jaguar. Pflanzen spielten bei diesen Trancen eine wichtige Rolle – und in Mesoamerika wurden etwa 40 halluzinogene Pflanzen verwendet.«

Die Erde mit ihren Pflanzen, Tieren und Formen war eine ehrfurchtgebietende, heilige Landschaft. Aus Mythen und Erzählungen wissen wir auch, daß ein Fels oder Baum von einem Geist bewohnt sein konnte; in den Tiefen der Berge konnten Gottheiten wohnen. Neben jagenden Jaguaren und tödlichen Schlangen waren nachts auch Geister unterwegs; Gespenster durchstreiften die Wälder, wehten unheimlich und gefährlich mit bestimmten bösen Winden.

Alles fügte sich zu einer Einheit des Lebens zusammen, einer Gemeinschaft, in der alles Teil des anderen war. Es heißt, ein Jäger in Yucatán besänftigte den Gott, der den Hirsch beschützte, mit einem Opfer aus Maisgrütze und der Erklärung seiner Aggression gegen seine gefallene Beute: »Ich war bedürftig.« Die Maya teilten nicht nur die materielle Welt mit den Tieren. Sie glaubten, daß Menschen Tiere als »Mitwesen« hätten. Der Begleiter eines Herrschers war der Jaguar. William L. Fash von der Northern Illinois University, der Leiter des Acropolis Archaeological Project in Copán, schreibt: »Der Jaguar galt als Mittler zwischen der Welt der Lebenden und der der Toten, als Beschützer und Symbol der klassischen Mayakönigshäuser.« 1988 erbrachten Ausgrabungen bei Altar Q in Copán, der 16 Könige der Königsdynastie darstellt, einen erstaunlichen Fund: 775 n. Chr. hatte der Herrscher Yax Pac 15 Jaguare geopfert und in einer gemauerten Krypta bestattet – einen Jaguar für jeden seiner königlichen Ahnen.

Zwei der heiligsten Landschaftsformen dienten als Übergang zwischen der körperlichen Welt und der Geisterwelt: Berge und Höhlen. Diese mesoamerikanische Vorstellung war schon alt, als die Mayakultur entstand. Manche Symbole auf Tempeln und Pyramiden erklären diese zu von Menschen gemachten Bergen und Machtzentren. Und ein Tempeleingang stand für eine Höhle, die in die Mitte des Berges führte – und in die Unterwelt. Die Maya glaubten, der Eingang zur Unterwelt liege am klaffenden Rachen des reptilähnlichen Erd-Tieres, und sie brachten Höhleneingänge damit in Verbindung. Wer eine dieser mystischen Schwellen aufsucht, versteht die Vorstellung der Maya. An heißen, strahlenden Tropenmittagen atmet der Höhlenschlund, der in Yucatáns Loltun-Höhle führt, plötzlich mit einem Stoß stiller, kalter Luft, dem Hauch der Toten gleich. Immer dunklere Gänge führen hinab in eine Welt ohne Licht, zu erstaunlichen Stalaktiten, Stalagmiten und Wasser.

Im nördlichen Hochland rauschen Flüsse oft durch Bergtäler, um dann plötzlich in einem enormen Erdmund zu verschwinden. Ein Netz unterirdischer Flüsse fließt in endloser Dunkelheit. Durch schwarze Ströme und in Höhlenseen schwimmen blasse Fische ohne Farbe und mit atrophierten Augen. Krabben, blind und verblüffend durchsichtig, fühlen suchend ihren Weg durch die flüssige Tiefe. In den Bergen Guatemalas nennen die modernen Maya eine unheimliche Höhle noch immer Xibalbá.

Im »Popol Vuh« wird die Geschichte von den Göttlichen Zwillingen erzählt, die nach Xibalbá reisten. Den Maya gilt deren abenteuerliche Reise als Metapher für sich wiederholende Zyklen und die Regenerierung der Erde und alles Lebendigen.

*Ein altersloser Gott mit Zahnlücken – einer der vier mythischen Brüder, die den Himmel tragen – in Copán. Hinter ihm ein Kopakbaum, der heilige Weltbaum, der das Universum einte.*



Kenneth Garrett

David Allen Harvey; Kenneth Garrett (links)

*Abgearbeitete Hände halten ehrfürchtig Maiskolben – »Gottes heilige Sonnenstrahlen«. Mais war die landwirtschaftliche Grundlage der mesoamerikanischen Kultur und wurde schon 2000 v. Chr. im Mayagebiet angebaut. Die Maya glauben, daß Mais – wie alle Pflanzen – ein inneres Leben und eine Seele hat. Bei Erdbeben rufen Bauern des Hochlandes den Mais auf ihren Feldern an, um die gestörten Pflanzen zu beruhigen. Jeder Schritt des Anbaus, der Ernte und des Verzehrs von Mais ist von altersher heiliger Ritus. Männer pflanzen und pflegen den göttlichen Mais, Frauen bereiten ihn zu. Links braten Maistortillas, Tomaten und Chilischoten auf einem Rost über offenem Feuer.*

Frans Lanting; Michael und Patricia Fogden (unten);David Hiser/Photographers Aspen (rechts); Guillermo Andana (folgende Doppelseite)

*Als Begleiter in einem heiligen Universum hatten viele Tiere für die alten Maya mystische Bedeutung. Jaguare waren »Mitwesen« der Gottkönige. Im Mythos wurden Brüllaffen-Zwillinge die Götter von Schreibern, und in Kunstwerken, die Zeremonien und Rituale darstellen, kommen oft Schlangen vor.*

FOLGENDE DOPPELSEITE: *Höhlen und natürliche Brunnen wie der Cenote von Dzitnup in Yucatán führen in die Mayaunterwelt.*

## Eine kosmische Sicht:

# *Die Göttlichen Zwillinge*

Zu einer anderen Zeit, einer Zeit des Mythos und der Magie, spielten die Zwillingsbrüder Hunahpú und Ixbalanqué Ball auf dem Ballspielplatz. Die gefürchteten Herren der Unterwelt Xibalbá, Einstod und Siebentod, hörten das lärmende Spiel der Jünglinge. »Gehet und ruft sie sogleich«, sagten sie ihren Boten. So stiegen die Jünglinge hinab nach Xibalbá. Ihr Erzeuger, Einsjäger, und sein Bruder, Siebenjäger, waren vorher schon durch die Prüfungen der Herren der Unterwelt zu Tode gekommen.

Doch Hunahpú und Ixbalanqué waren einfallsreich und listig; sie entkamen aus den Fallen und erfüllten die

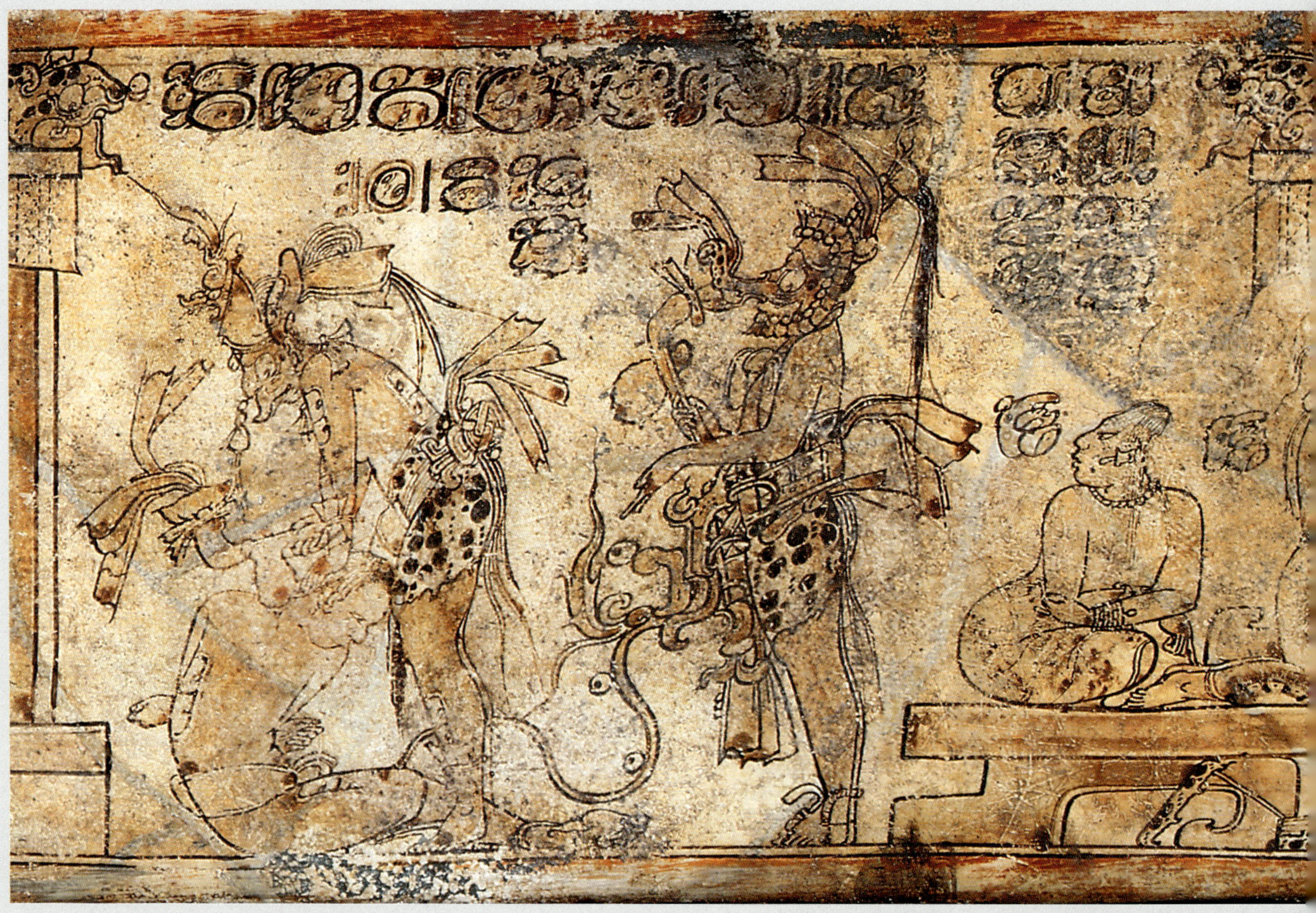

*Die Wundertaten der Göttlichen Zwillinge, dargestellt auf einem zylindrischen Gefäß.*

Prüfungen, die die Herren ihnen stellten. In ihrer ersten Nacht in Xibalbá betraten sie das Haus der Finsternis. Sie sollten einen glimmenden Kienspan und zwei brennende Zigarren bis zum nächsten Morgen nicht abbrennen lassen; sie banden feuerrote Arafedern an den Kienspan und setzten Glühwürmchen auf die Spitze ihrer Zigarren und täuschten so die Wächter Xibalbás. Am nächsten Tag verloren sie absichtlich ein Ballspiel gegen jene Herren und besorgten auch den vereinbarten Siegerpreis: vier Schalen voller Blüten bis zum nächsten Morgen. Von den Zwillingen gerufene Blattschneiderameisen sammelten die Blüten – aus den eigenen Gärten der Herren von Xibalbá. Diese Nacht verbrachten die Jünglinge im Obsidianraum, einem Bau voller scharfer, sich bewegender Messer; sie versprachen den gefräßigen Steinklingen Tierfleisch und beruhigten sie.

Justin Kerr

Als die Prüfungen weitergingen, besänftigten die Jünglinge die wilden Tiere des Jaguarhauses mit Knochen, so daß die Bewohner Xibalbás glaubten, die Jaguare hätten die beiden gefressen. Schließlich machten die Zwillinge sich als zerlumpte Bettler unkenntlich, führten Tänze auf, sangen und taten Wunder in Xibalbá, und die Herren befahlen den beiden Fremden, ihnen ihre Künste vorzuführen. Fasziniert sahen sie, wie die Jünglinge einen Hund aufschnitten und dann wieder zum Leben erweckten. Auf Befehl öffneten sie einem Mann die Brust, nahmen sein Herz und erweckten ihn wieder zum Leben. »Jetzt aber öffnet eure eigene Brust« sagten die erregten Herren, und die Jünglinge taten es. Darauf Einstod und Siebentod: »Öffnet unsere Brust!« Aber Hunahpú und Ixbalanqué erweckten sie daraufhin nicht wieder zum Leben. Die siegreichen Jünglinge verkündeten den Verbliebenen in Xibalbá ihr Urteil: »Zu den Sündern … sollt ihr euch gesellen.«

Dann stiegen die Brüder aus Xibalbá empor. Jetzt leuchtet ein Zwilling als Sonne, der andere ist der Mond, und jene vierhundert Jünglinge, die dem Mythos zufolge erschlagen wurden, verwandelten sich in Sterne.

Aus dem Morgennebel über dem Regenwald im Tiefland Guatemalas ragen die Ruinen des antiken Tikal empor. In ihrer Glanzzeit im 8. Jahrhundert bedeckte sie rund 130 Quadratkilometer – eine betriebsame Metropole mit vielleicht 55 000 Einwohnern und 3000 großen Bauten. Rechts: Ein kleines Mädchen reist bequem in der Schlinge am Rücken seiner Mutter.

FOLGENDE DOPPELSEITE: *Hochlandbauern in traditionell bunten Gewändern mit kühnen Mustern beleben die überfüllten Straßen von Huehuetenango in Guatemala.*

Kenneth Garrett; David Allen Harvey (rechts); Gianni Vecchiato (folgende Doppelseite)

# Die Städte

George E. Stuart

Es ist ein Gemeinplatz, von den glanzvollen alten Maya und ihren fast vergötterten Städten zu sprechen. Doch solche Klischees bekommen neue Bedeutung…, wenn man mitten in Tikal steht oder von einem höher gelegenen Tempeleingang über den Dschungel blickt, der die Stadt und ihre Maya erobert hat.« So schrieb der Archäologe William R. Coe vom University Museum in Philadelphia über die große Mayastadt, der er über 35 Jahre seines Berufslebens gewidmet hat.

Tikal ist riesig. Seine gut 15 Quadratkilometer große Stadtmitte hat rund 3000 Bauten – befestigte Straßen verbinden größere Gruppen von Tempeln, Pyramiden, Palästen, Schreinen und Ballspielplätzen, Plazas, Häuser und sogar rituelle Schwitzbäder. Bis zu 10 000 frühere Fundamente und Häuser können unter der Oberfläche liegen. Das alte Wohngebiet dehnt sich über rund 60 Quadratkilometer Wald aus. Weiter außen entdeckten Aufseher Mauern und Gräben, die die nördliche und westliche Flanke der Stadt schützten. Sie umschließen eine Fläche von fast 130 Quadratkilometern. Inmitten der Stadt, zwischen der zentralen und der nördlichen Akropolis, liegt der Große Platz, flankiert im Westen von Tempel II, im Osten von Tempel I. Mehr als zwei Hektar Fläche umfaßt die zentrale Akropolis, die aus fünf Höfen besteht und von Dutzenden von Gebäudegruppen umgeben ist.

Archäologische Teams graben in den Tiefen der nördlichen Akropolis, einer der wohl kompliziertesten Schichttorten aus antiken Bauten, die je in dieser Hemisphäre ausgegraben wurden; sie datieren die erste Siedlung an dieser Stelle auf etwa 600 v. Chr., den Beginn der wichtigsten Bautätigkeit auf 500 Jahre später. Tikals Glanzzeit begann unter dem Herrscher Stürmischer Himmel im 5. Jahrhundert und hielt noch an, als 682 Ah Cacao an die Macht kam, Tikals vielleicht größter Herrscher. In dem Jahrhundert nach ihm erreichte die Stadt ihre größte Ausdehnung und Bevölkerung – man schätzt 55 000 Einwohner –, bevor im 10. Jahrhundert plötzlich der Niedergang folgte.

Das klassische Tikal war nicht allein in seinem Aufstieg und Fall. Die Kulturkräfte, welche die Stadt formten – eine wachsende Bevölkerung und deshalb die Notwendigkeit, Wasserversorgung, Nahrung und Handel zu organisieren –, waren seit etwa 1200 v. Chr. im gesamten Maya-Tiefland wirksam gewesen. Die Dorfgouverneure und andere, die zu Führern der neuen Gesellschaftsordnung aufstiegen, suchten ihre Autorität natürlich zu legitimieren und zu erhalten. Hierzu eignete sich das Gottkönigtum, das die politische Macht mit der Macht des Kosmos selbst verknüpfte. Die Idee war in Mesoamerika schon alt. Die frühesten Mayakönige übernahmen sie einfach, paßten sie den lokalen Gegebenheiten an und sahen zu, wie sich ihre ersten Königspyramiden über den Regenwald erhoben.

»Von 1975 an«, schreibt Norman Hammond von der Boston University, der Belege der Umwandlung an dem kleinen Grabungsort Cuello in Belize fand, »hat sich unsere ganze Sicht der vorklassischen Maya völlig verändert. Statt nur kleine Dörfer zu bewohnen, errichteten sie, wie wir nun wissen, schon 400 v. Chr. eindrucksvolle öffentliche Gebäude, und im 2. Jahrhundert v. Chr. waren darunter die größten Mayabauten, die es je gab. Die Kenntnis von Schrift und Zahlen, ein entwickelter Kunststil und eine komplexe Ikonographie kamen in den letzten Jahrhunderten der Vorklassik auf; sie dienten mehr dem Herrscherkult als irgendeinem ökonomischen Zweck.«

Im südlichen Tiefland, in den überwältigenden vorklassischen Hügeln von El Mirador, Calakmul, Tikal und Lamanai, sehen die Archäologen die augenfälligsten Beweise für das Entstehen einer komplexen Gesellschaft. In Cerros, an der Bahia Chetumal (Belize), fand David Freidel von der Southern Methodist University, wie er schreibt, »eine enorme Entladung sozialer Begeisterung und Energie« um 50 v. Chr., als die Bauern und Fischer einen Teil ihres Dorfes schleiften, Opfergaben von Keramik und Schmuck zwischen dem Schutt verstreuten und dann an seiner Stelle ein ansehnliches Stadtzentrum bauten, überragt von einer kleinen Pyramide, die mit bunten Gesichtern der Venus und der Sonne bemalt war – eine angemessene Bühne für ihren neuen Gottkönig.

Die Terrassen und Plätze in Komchen, nahe den wichtigen Salzvorkommen Yucatáns, entstanden, dem Archäologen E. Wyllys Andrews V. zufolge, zwischen 400 v. Chr. und 150 n. Chr. David Freidels Arbeit in Yaxuná, einer anderen Fundstätte im Norden, offenbart ähnliche, aber etwas spätere Bauformen. Und Ray T. Matheny von der Brigham Young University datiert das weitläufige Kanalsystem in Etzná – eines der wohl größten Arbeitsvorhaben überhaupt im Mayagebiet – auf die gleiche Periode.

Einige dieser frühen Mayastädte im Süden, darunter El Mirador und Cerros, wurden im Lauf von Jahrhunderten unbedeutend, vielleicht aufgrund einer Verlagerung der Handelsstraßen für Jade und andere Güter oder aufgrund veränderter Umweltbedingungen. Lamanai und andere blühten indessen während der Klassik und eines Großteils der Nachklassik weiter. Viele blieben wie Copán, Palenque und Tikal Beispiele der urbanen Wohlhabenheit und dynastischen Macht, die wir heute mit den Stadtstaaten der Klassik assoziieren.

Heute, tausend Jahre nach dem Ende Tikals als lebendiger Stadt, strahlen die Steinbauten, Straßen, Plätze und verwitterten Monumente, die im zum Teil restaurierten Stadtkern liegen, noch immer Majestät aus. Wie ihre Entsprechungen in anderen klassischen Mayastädten sind diese und alle anderen Komponenten von Tikal auf eine Weise angeordnet, die nicht nur die Bedürfnisse einer volkreichen Gesellschaft erfüllte, sondern auch die Diktate von Kosmologie, politischem Status und dem Bedarf nach angemessenen Plätzen für Rituale.

Anscheinend war das am Ende nicht genug. Bald nach 800 erlitt Tikal wie viele seiner Nachbarstädte den offensichtlichen Zusammenbruch der meisten klassischen Städte im südlichen Tiefland. Archäologen erkennen diese Umkehr an der plötzlichen Einstellung der Bautätigkeit und am abrupten Ende der datierten Stelen, die jene Periode definieren. Vielleicht lagen die Gründe dieser Veränderung in der Masse der Menschen, die die Ressourcen des Landes überforderten und in der Unfähigkeit der Elite, die Kontrolle zu bewahren. Was die Ursache auch war – die politische und wirtschaftliche Macht der Maya verlagerte sich bald in das nördliche Tiefland.

Was der Archäologe Jeremy A. Sabloff von der University of Pittsburgh als »letzte Blüte« der klassischen Städte und Kultur bezeichnet, geschah von 800 bis 1000 n. Chr.

In diesen zwei Jahrhunderten konzentrierte sich die politisch-wirtschaftliche Macht der Maya in Uxmal und seinen spektakulären Nachbarn im Puuc, einer hügeligen Region Yucatáns, sowie in Chichén Itzá auf der Kalksteinebene im Nordosten. Zum Teil aufgrund seiner eigenen Arbeit in Sayil sowie aufgrund der Erhebungen von Alfredo Barrera Rubio und anderer Archäologen des mexikanischen Staates in Uxmal und benachbarten Fundorten sieht Sabloff die Blüte Uxmals und seiner Nachbarstädte als Ergebnis einer fast beispiellosen Zusammenarbeit. »Es muß eine engere politische Kooperation zwischen Städten des Puuc gegeben haben als zuvor im Tiefland.«

Leider hielt sich diese glanzvolle Konstellation von Städten zwischen den Hügeln des südwestlichen Yucatán nicht. Vielleicht wurde die Bevölkerung einfach zu groß für die einst reichen Böden und Wasservorkommen. Als die Region Puuc um 1000 verlassen wurde, begann der letzte Akt im Drama der Mayastädte: die Nachklassik und die Blüte von Chichén Itzá.

Durch seine Hafenstadt bei Isla Cerritos mit dem Kanuhandel in Golf und Karibik verbunden, vielleicht auch begünstigt durch eine Regierung ohne den dynastischen Stil der Klassik, beherrschte das kosmopolitische Chichén Itzá offenbar weite Teile des Nordens, bevor es in den politischen Kleinkriegen Yucatáns im 12. Jahrhundert unterging. An seiner Stelle stieg Mayapán auf, dessen Anlage 4000 Bauten umfaßt, dicht zusammengedrängt innerhalb einer dicken Steinmauer. Die Zeit unsicherer Macht endete für diese letzte Mayahauptstadt um 1450, weniger als hundert Jahre bevor die Spanier begannen, der Landschaft ihre eigenen Stadtpläne aufzuprägen.

Selbst als verlassene Ruinen überraschen die alten Mayastädte die Archäologen immer wieder. Anhand einer gigantischen, mit einem riesigen Vogelkopf aus Stuck verzierten Terrasse hat Richard D. Hansen von der Universität Los Angeles die Anfänge der Maya in Nakbe in Guatemala auf 400 v. Chr. oder früher datiert. Und erst vor kurzem stellten William Folan und sein Team von der Universität Campeche die erste detaillierte Karte von Calakmul fertig – eines schlafenden Riesenortes nahe dem geographischen Mittelpunkt der Halbinsel Yucatán. Zur Verblüffung praktisch aller demonstriert sie anschaulich, daß diese Ruinen eine der größten alten Mayastädte waren. Er ist stolz auf seine Leistung, aber macht wenig Aufhebens davon, als er mir zum erstenmal die neue Karte mit ihrem dichten Muster von Pyramiden, Palästen und Wohnhäusern zeigte. »Uns bleibt natürlich noch eine Menge zu tun«, sagte er.

*Der Archäologieassistent Mario Coyoc untersucht Keramikscherben in einem königlichen Grab in Calakmul, das einst eine der größten und volkreichsten Städte auf der Halbinsel Yucatán war.*

FOLGENDE DOPPELSEITE: *Die Ruinen der Mayapyramiden in Tonina im mexikanischen Chiapas leuchten in der Natur des heiligen Landes, aus dem sie entstanden sind.*



Kenneth Garrett (auch folgende Doppelseite)

Ein Tunnel zum Inneren einer Mayapyramide offenbart eine Überraschung: 1989 entdeckten Archäologen innerhalb einer Pyramide in Copán einen verborgenen, kleineren Tempel (rechts), der rund 1400 Jahre unbeschadet und ungeplündert überstanden hatte – das einzige bekannte Beispiel eines intakten Mayabaus an diesem Fundort. Hier untersucht Teamchef Ricardo Agurcia Fasquelle vom honduranischen Institut für Anthropologie und Geschichte eine Ecke, die freigelegt wurde, als Arbeiter Schutt zwischen den Gebäuden entfernten. Die Figur in der Nische ehrte vielleicht einen königlichen Ahnen. Der Tempel wird Rosalila genannt; er mißt insgesamt etwa 18 mal 13 Meter und steht über den Ruinen noch älterer Bauten. Unten eine aus Stuck modellierte Skulptur, die wahrscheinlich eine primitive Gottheit darstellt.

Kenneth Garrett; National-Geographic-Fotograf Joseph H. Bailey (links)

Der Archäologe William Fash (stehend), die Dokumentarin Barbara Fash und Rudy Larios, der die Restaurierung leitet, untersuchen ein Gebäude in Copán. Das wie eine geflochtene Matte aussehende Steinmuster identifiziert den Bau als Popol nah (oder Mattenhaus), ein Rathaus. Hier trafen sich der Herrscher und seine Adligen, um tägliche Verwaltungsaufgaben zu erfüllen und an rituellen Tänzen und Feiern teilzunehmen. Die fischähnliche Hieroglyphe über dem Pfeiler steht für einen Ortsnamen. Der Bau datiert aus dem 8. Jahrhundert v. Chr. Unten: 60 Zentimeter hohe Terrakottafiguren, zusammengesetzt aus Scherben, die vor dem Grab eines königlichen Schreibers in Copán gefunden wurden, sitzen auf den Deckeln von Weihrauchgefäßen.

Kenneth Garrett (beide)

Guillermo Aldana E.

Ein jaguarförmiger Steinthron schaut blicklos zum Tempel des Kukulcan (oder Kastell), einer Pyramide, die die Silhouette von Chichén Itzá im Norden Yucatáns beherrscht. Auf dem Pfeiler neben dem Thron steht ein Krieger mit Schild. Solche toltekischen Motive mischten sich mit den alten Mayapyramiden und gaben dieser nachklassischen Stadt, die nach 800 n. Chr. mächtig wurde, eine kosmopolitische Ausstrahlung. Nach dem Zusammenbruch der Städte des südlichen Tieflands wie Tikal und Palenque rangierte Chichén Itzá etwa 300 Jahre lang als erste in einer Konstellation wirtschaftlicher und religiöser Zentren im nördlichen Tiefland. Dann schwand auch sein Glanz in den politischen Kleinkriegen und Kämpfen, die im 12. Jahrhundert die Halbinsel erschütterten.

Tulum, einer der letzten Vorposten der Mayakultur, war von etwa 1200 n. Chr. bis zur Eroberung ein blühendes Zentrum der Religion und des Handels für seefahrende Mayahändler. Kanus

Richard Alexander Cooke III.

*landeten auf einem Strand innerhalb seiner Mauern. Der etwa 13 Meter hohe von den Spaniern als Castillo bezeichnete Tempel ist noch immer ein Orientierungspunkt an der karibischen Küste der Halbinsel und überragt die zerfallenen Kolonnaden eines einst geschäftigen Platzes.*

## Die Städte:
# *Krieg*

Die Theorie von den ›friedlichen Maya‹ ist unhaltbar geworden«, schreibt David Webster von der Pennsylvania State University 1976, »so daß die Annahme zulässig scheint, Krieg habe schon sehr früh eine wesentliche Rolle in der Mayazivilisation gespielt.« Websters Schlußfolgerung beruht auf seiner Entdeckung des Verteidigungsgrabens in Campeche, den er auf 250 n. Chr. oder früher datiert, und sie wird durch Funde in vielen anderen Mayastädten immer wieder bestätigt.

Die berühmten Wandbilder und Türstürze von Bonampak stellen zum Beispiel Nahkämpfe und die anschließende öffentliche Vorführung der Gefangenen in blutiger, elender Erniedrigung vor dem Herrscher Chaan Muan und seinem versammelten Hof dar.

In der großen Stadt Chichén Itzá in Yucatán sind die Pfeiler einiger der wichtigsten Bauten hauptsächlich mit

*Auf einem spätklassischen Gefäß treiben zum Kampf angetane Mayakrieger, bewaffnet mit Lanzen,*

Hunderten von Kriegern in vollem Ornat dekoriert.

Wie andere Aspekte der Mayakultur waren Kriege wohl von praktischen Zielen, aber auch von rituellen Bedürfnissen bestimmt. Mit dem Bevölkerungswachstum kamen Wettbewerb und Konflikte um wirtschaftliche Notwendigkeiten wie Ressourcen, Handelsstraßen, gutes Ackerland und – wie David Stuart von der Vanderbilt University aus einigen klassischen Texten herausliest – um Tribute in Stoffen und anderen Gütern.

Justin Kerr

*Gefangene einem schmachvollen Schicksal entgegen.*

Die in den Inschriften erwähnten Kriegsepisoden sind mit Daten versehen; ihnen zufolge fanden die Kämpfe in der trockenen Jahreszeit statt, wenn sie den Bauern am wenigsten schadeten. Die rituelle Seite des Krieges war eng mit der Venus verknüpft: Angriffe oder Überfälle gegen andere Städte wurden oft dann unternommen, wenn der Planet als Abendstern erschien.

Diane und Arlen Chase von der University of Central Florida erklären das überraschende Wachstum der Stadt Caracol in Belize in der Spätklassik – deren Bevölkerung sie auf fast 180 000 schätzen – mit einer erfolgreichen Serie von Kriegen gegen Tikal und Naranjo. Die Chases sehen auch den Niedergang der Stadt in zunehmenden Konflikten begründet. Sie wurde »Opfer des Lebensstils, den sie mit geschaffen hatte«.

Ein ähnliches Ende nahmen Dos Pilas und Nachbarorte der Region Petexbatun in Nordguatemala. Dort hat der Archäologe Arthur Demarest die Städtekriege, von denen die Region in der Spätklassik zerrissen wurde, im Detail erfaßt, und obwohl manche Archäologen andere Faktoren in den Vordergrund stellen, glaubt er, daß innere Kämpfe eine Hauptrolle beim Niedergang der klassischen Maya gespielt haben. Demarests Belege umfassen hieroglyphische Chroniken von Eroberungen und die Überreste von Schutzmauern, die die stolzen Städte später zu Festungen machten.

»Am Ende«, sagt Demarest, »waren es einzelne Territorien, die sich erbittert bekriegten. Nach der Mitte des 9. Jahrhunderts n. Chr. verstummen die Berichte über das Leben in der Region.«

Geeignet für einen König – und für seine ausgedehnte Familie dazu: Zwischen 750 und 900 n. Chr. wuchs der Große Palast in Sayil in Yucatán auf drei Geschosse und fast 100 Räume an. Könige herrschten mit der Führung der Götter und der Unterstützung des Volkes. Rechts: Eine Tonfigurine aus Chiapas, eine adlige Matrone darstellend, mit Hund und Kleinkind.

FOLGENDE DOPPELSEITE: *Bürger von Todos Santos in Guatemala versammeln sich, um Heimkehrer aus Mexiko zu begrüßen. Der Namenstag der Stadt, Allerheiligen, wird jährlich begangen.*

Kenneth Garrett; Middle American Research Institute, Tulane University (rechts); David Allen Harvey (folgende Doppelseite)

# Die Menschen

Gene S. Stuart

Als die ältesten Mayagötter vor dem ersten Sonnenaufgang zusammenkamen und das Universum planten, gaben sie zuerst den Tieren das Leben. Dann einigten sie sich, eine lebende Gestalt zu erschaffen, die sie verherrlichen würde. »Schaffen wir uns jene, die uns erhalten und ernähren«, sprachen sie, wie es im »Popol Vuh« heißt.

Die Götter nahmen weißen und gelben Mais aus dem Innern eines Berges, und eine Göttin mahlte die Körner neunmal. Aus dem Mais formten sie das Fleisch; das erste menschliche Blut machten sie aus Wasser.

Mais, Gabe der Götter und Essenz der Menschen, war das heilige Grundgetreide, und die wichtigste Funktion in der Mayagesellschaft spielte der einfache Mensch – der Bauer, der Fürsorger, der Diener.

Diego de Landa schrieb über die Maya: »Die meisten waren Ackerbauern und solche, die fleißig den Mais und anderes Getreide ernten.« Mit der Hilfe der Götter bauten die Männer den Mais an, pflanzten und pflegten ihn, brachten ihn zur Reife. Die Frauen mahlten das geerntete Getreide, den Grundstoff des Lebens.

Außer im Ackerbau diente das Volk als Träger, Diener, bei der Instandhaltung und anderen Arbeiten. Die Adligen brauchten sie für Arbeitsmannschaften, um Nahrungsmittel und andere Güter als Tribut zu produzieren, und als Krieger. Dafür versprachen die Adelsfamilien Schutz in Zeiten politischer Kämpfe. Die kleinen Häuser des Volkes hatten Strohdächer. Sie waren in Feldern und Wäldern verstreut; sie machten den größten Teil der Weiler, Dörfer und Kleinstädte aus, und sie umringten prächtige Großstädte als Puffer zwischen urbanem Glanz und ländlicher Einfachheit.

Eine kleine Gruppe Unglücklicher blieb während der ganzen Klassik und Nachklassik am unteren Ende der sozialen Leiter. Dies waren die Sklaven, oft im Krieg gefangengenommene Soldaten. Höhergestellte Gefangene waren häufig als Opfer für die fordernden Götter bestimmt.

Jahrzehntelang glaubten die Forscher, die Mayagesellschaft habe aus einer großen Zahl Nichtadliger bestanden, beherrscht von einer kleinen Elite. In letzter Zeit hat sich ein realistischeres Bild der Gesellschaft ergeben. Heute wissen wir, daß die Mayagesellschaft in der Klassik ihren höchsten Stand der sozialen Schichtung und Komplexität erreichte. Fachkräfte wurden zahlreicher und wichtiger; sie hatten sich als unverzichtbar für das Überleben und die Entwicklung mächtiger Stadtstaaten erwiesen. Sie waren Verwalter, Händler und Soldaten sowie Künstler und Handwerker: Bildhauer, Schreiber, Architekten, Töpfer und Weber. Die Forscher sind sich uneins darüber, ob sie der Elite oder einer entstehenden »Mittelschicht« zuzurechnen sind.

Eine Stadt, zu deren Größe sie beitrugen, war Copán, dessen Ruinen über einer weiten Flußbiegung des Río Copán in Westhonduras emporragen. Heute bedecken Mais- und Tabakfelder den Boden des umgebenden Tals und die unteren Abhänge der bewaldeten Berge. Ein Rundgang durch die Ruinen mit dem Archäologen Bill Fash offenbart eine Vielfalt von Wohnhäusern aus der Spätklassik. Die meisten waren aus Stein, einige standen in Gruppen zusammen, viele hatten aneinandergrenzende Höfe. »Im Stadtkern haben wir archäologische Beweise für verschiedene Arten von

Fachkräften: Schreiber, Kunsthandwerker, Ballspieler zum Beispiel«, sagte Fash, als wir von Gruppe zu Gruppe gingen.

Ein kleines Gebäude hatte als Muschelschnitzerei gedient. Die arbeitenden Familienmitglieder hatten ihren Abfall auf dem Gipsboden und auf einer kleinen Steinbank gelassen. Auf einer terrassierten Plattform stand das Haus eines Schreibers. Seine Fassade wurde mit Skulpturen geschmückt, die den Gott der Schreiber in Gestalt eines Affenmenschen zeigen; er hält ein Tintengefäß und Schreibgerät. Innen berichten Glyphen auf einer Bank, daß der Herrscher Yax Pac dem Haupt dieser Schreiberfamilie den Titel Ah kul na, Höfling, verliehen hatte und an der Weihe eines Umbaus an diesem Haus teilgenommen hatte. »Dies dokumentierte das Interesse des Königshauses an diesen Bürgern und die Wichtigkeit dieser Familie«, sagte Fash.

Der Titel, den der Schreiber bekommen hatte, bedeutete, daß er Mitglied des Landadels geworden war, nicht aber des Rates. Es war ein angesehener und edler, aber kein königlicher Titel. Brüdern und vielleicht Enkeln und jüngeren Königssöhnen wurde oft der Titel Ahau, König, verliehen.

Einige der mächtigsten Frauen waren Regentinnen, Gattinnen von Königen oder auch Prinzessinnen, die Titel als Herrinnen ihrer Stadt innehatten. Königinnen waren nicht unbekannt. Pacal, der große König von Palenque im 7. Jahrhundert, hatte eine Urgroßmutter, die Herrin Kanal Ikal, die Palenque regierte, wie auch seine Mutter, Herrin Zac Kuk. Beide waren Königstöchter.

Früher, in der Vorklassik, als die Städte groß geworden waren und die Häuptlinge zu Königen, wählten möglicherweise die Häupter mächtiger Familien einen König aus ihrer Mitte, aber in der Klassik war das Königtum erblich. Der Herrscher und seine Familie waren die Spitze der sozialen Pyramide, und die Herrscher behaupteten, von Göttern abzustammen.

Pacal führte seine Abstammung auf eine Gottheit und obendrein auf menschliche Könige zurück, und auch andere Herrscher hielten es für klug, göttliche Ahnen vorzuweisen. Ein Mayakönig war die menschliche Manifestation der Götter auf Erden. Als Mittler zwischen Menschen und Göttern nahm er für sich die Macht in Anspruch, die übernatürlichen Kräfte des Universums zu kontrollieren. In Ritualen ernährte und verherrlichte er die Götter, um das stets prekäre Gleichgewicht der Natur in einer landwirtschaftlichen Gesellschaft zu bewahren. Die Götter ernährten dafür die Felder der Bauern mit Sonne und Regen – wenn sie wollten.

Wenn der König die Seele seines Volkes war, so diente sein Palast als Herz der Stadt: Er hatte Räume für Rituale und Verwaltungstätigkeiten sowie Wohnräume für die Königsfamilie. Manchmal diente der Palast auch anderen Zwecken, etwa als Schule für königliche und adlige Knaben und als Aufbewahrungsort für Kultgegenstände. In Copán bestand der Palast möglicherweise aus mehreren Gebäuden – die Forscher sind noch unsicher.

Doch in zwei anderen Städten zeugen große Bauten, die man für Paläste hält, von königlicher Eleganz. So erschließt sich der Palast von Palenque als verschachtelter Komplex von Galerien, Höfen, Treppen, Kammern und Räumen. Die Gebäude gruppieren sich um vier Innenhöfe, die auf verschiedenen Niveaus liegen. In einem der Höfe erhebt sich ein einzigartiger, dreistöckiger Turm von 15 Metern Höhe. Errichtet wurde er auf einem 4 Meter hohen Sockel; über seine tatsächliche Funktion ist man sich nicht im klaren. Ein umgeleiteter Bergfluß brachte fließendes Wasser unter den Platz an der Gebäudegruppe, und ein Leitungssystem gab den Leuten innen Zugang zu ihm. Steinreliefs an den Wänden erinnerten an große Könige und Krönungen, und Spuren bunter Wandgemälde sind noch sichtbar.

Die spätklassische Stadt Sayil in der Region Puuc in Yucatán hatte in ihrer Blütezeit etwa 10 000 Einwohner. Dort führt eine große Treppe in die drei Stockwerke des Großen Palastes, vorbei an vielen Säulenreihen und reliefgeschmückten Fassaden. Der Archäologe Jeremy Sabloff, der Sayil ausgegraben hat, sagte mir: »Der Bau hatte fast 100 Räume, und er wurde eindeutig als Königsresidenz genutzt. Er wurde in Phasen von etwa 750 bis 900 n. Chr. gebaut und wurde wahrscheinlich größer, als die Königsfamilie wuchs.«

Junge Mayafrauen blieben bis zu ihrer Heirat im Elternhaus, aber zur Zeit der Eroberung, und zweifellos lange zuvor, lebten junge Männer in einem besonderen Haus zusammen. Die Familien arrangierten die Ehen ihrer Kinder mit Hilfe von Heiratsvermittlern. Mitglieder des Königshauses und des Adels heirateten oft Cousins und Cousinen; besonders begehrt waren Ehen, die politische Bündnisse mit anderen Städten besiegelten. Auf Stele 8 stellt Yax Pac, der 16. König von Copán, mit Stolz fest, daß seine Mutter eine Herrin von Palenque war.

Nahrungsmittel strömten in großen Mengen in die Paläste. Die Porträts zeigen robuste, gutgenährte Herrscher, die aufgrund ihrer ausgesuchten Ernährung oft länger lebten und größer waren als ihre Untertanen. Schild-Jaguar von Yaxchilán herrschte über 60 Jahre und starb 742 mit Mitte Neunzig. Pacal von Palenque wurde 80 und war über 1,80 Meter groß. Heute mißt der Durchschnittsmann von Yucatán unter 1,60 Meter, und es gibt Anzeichen dafür, daß seine Vorfahren nur wenig größer waren.

Die Maya fürchteten den Tod. Pater de Landa schrieb, daß sie Bittgottesdienste um »Gesundheit und Leben und Auskommen« hielten. Der Tod von Familienmitgliedern und Freunden löste Ausbrüche des Kummers aus. »Bei Tag weinten sie still für sich, und bei Nacht mit lauten und sehr traurigen Schreien, so daß es mitleiderregend war, sie zu hören.«

Herrscher konnten erwarten, aus dem gefürchteten Todesreich, der Unterwelt, zu einem göttlichen, himmlischen Leben im Jenseits aufzuerstehen. Wenn trauernde Untertanen den Leichnam eines Königs bestatteten, legten sie eine Jadeperle in seinen Mund; sie symbolisierte Leben und Erneuerung. Zu der Jade legten sie gemahlenen Mais, die Gabe der Götter, zur Nahrung, zur Fürsorge.

*Auf einem Türsturz in Yaxchilán zieht Schild-Jaguar in den Krieg – eine seiner königlichen Pflichten. Seine Hauptfrau reicht ihm den Jaguarhelm mit Wasserlilien und seinen Schild.*



Guillermo Aldana E

*Tonfiguren in rituellen Gewändern von der Insel Jaina vor der Küste von Campeche stellen eine Vielfalt hochrangiger Persönlichkeiten aus der Spätklassik dar. Ein Krieger trägt eine Rüstung und einen ausladenden Kopfschmuck. In einer Hand hält er seinen rechteckigen Schild mit Federbesatz. Sein Panzerhemd aus gefütterter Baumwolle schützt ihn im Kampf; an ihm sind möglicherweise Kakaohülsen befestigt. Könige und andere Adlige führten Truppen in die Schlacht; sie wurden von den gegnerischen Königen geopfert, wenn sie besiegt wurden. Frauen waren selbst manchmal Königinnen und spielten eine sehr wichtige Rolle in Religion und Gesellschaft. Vermählungen zwischen den Königsfamilien von Stadtstaaten besiegelten politische Bündnisse und hoben das Prestige beider Seiten. Rechts oben: Eine Frau mit breiten Armspangen und einem Halsschmuck aus großen Muscheln oder Steinperlen; ein traditionelles mesoamerikanisches Gewand fällt reizvoll von ihren Schultern.Frisuren wurden oft eigenständige Kunst-*

*werke: Unter einer glatten, nach oben geschwungenen Haube ist das Haar der Frau oben in scharfen Ecken um ihr Gesicht frisiert. Rechts raucht ein Mann, der vielleicht an einem Ritual teilnimmt, eine Zigarre und balanciert graziös einen riesigen Hirschkopfschmuck. Tabak, eine heilige Pflanze der Maya, wurde benutzt, um Visionen zu bewirken.*

Justin Kerr (alle)

Zwei Weberinnen in zeitloser Bewegung: María Pérez aus San Antonio (Guatemala) kniet an einem Webstuhl und hat gerade das Schiffchen eingeschoben; als nächstes wird sie den Schußfaden mit der Lade andrücken wie die Frau aus der Spätklassik, eine Tonstatuette aus Jaina (unten). Aus Marías Baumwollstoff wird wahrscheinlich Kleidung für die Familie gemacht; die Muster sind seit der Klassik Tradition. Die kiltähnlichen Hüfttücher der Jungen und Marías Haarband sind aus Wolle.

David Allen Harvey; Justin Kerr (rechts)

*Würdigung eines einfachen Wohnhauses: Das Detail einer Fassade in Uxmal stellt ein Haus mit nachgebildetem Strohdach dar. Rechts: Das Haus einer heutigen Familie in Yucatán in einem seit über 3000 Jahren kaum veränderten Stil. Die Wände können aus Stein, Lehm oder zusammengebundenen jungen Baumstämmen bestehen. Palmblätter oder Gras bilden ein gutisoliertes Dach. Bei kaltem Wetter (auf der Halbinsel selten) wärmt ein offenes Feuer auf dem Lehmboden den einzigen Raum des Hauses. Wenn es heiß ist wie meist, hält das Dach das Innere kühl. Der steile Winkel des Daches leitet die starken Güsse der Regenzeit ab.*

Kenneth Garrett; David Allen Harvey (rechts)

In einem jahrhundertealten Zyklus pflanzen honduranische Bauern Mais. Mit Pflanzstöcken stoßen sie Löcher, lassen mehrere Körner hineinfallen und decken sie zu; dann warten sie auf Regen. Rechts: Abgewandt von Feuer und Rauch brennt Mario Antonio Raigosa Gestrüpp für ein neues Feld bei Mani in Yucatán ab. Bei dieser althergebrachten Methode der Brandrodung kann ein Feld in Yucatán wegen der dünnen Erdschicht nur zwei oder drei Jahre bebaut werden, dann liegt es bis zu 15 Jahren brach. Den Forschern zufolge waren die Anbautechniken der alten Maya je nach Gebiet verschieden. Die Hauptmethode war die Brandrodung. Zusätzlich bauten manche Bergbauern Terrassen; im Tiefland wurden oft Bewässerungskanäle oder erhöhte Felder gebaut. Waldbewohner bauten verschiedene Nutzpflanzen unter früchtetragenden

*oder anderen Nutzbäumen an. Viele Maya hatten Gärten mit Pflanzen, die wahrscheinlich Hirsche und anderes Wild anlocken sollten.*

Kenneth Garrett; David Allen Harvey (oben)

Gesellschaft:
# *Das Leben am Herrschersitz*

In dieser hier abgebildeten Szene vom höfischen Leben der Maya anerkennt ein Mayakönig mit vernichtendem Blick und graziöser Geste zwei Männer, wahrscheinlich niedrigere Adlige. Der sitzende präsentiert dem Herrscher einen Jaguar oder dessen Fell, während sein kniender Begleiter ihn mit wiederholtem Knuffen in den Rücken ermuntert. Kleine Punkte, die aus ihren Mündern aufsteigen, zeigen, daß sie sprechen – die in Glyphen dargestellten Worte sind noch nicht entziffert.

Der thronende König trägt einen durchbrochenen Federumhang. Feine Stoffe sind zu Kopfbedeckungen gewunden, auf denen kostbare Federn wippen. Einer ist mit Glyphen und Gottesdarstellungen verziert.

Solche Szenen auf bemalten Gefäßen, Wandbildern und Skulpturen geben detaillierten Einblick in das höfische Leben der Klassik.

Manche Könige lebten mit ihren Familien im Luxus enormer Paläste. Andere hingegen lebten vielleicht von ihren Frauen und Kindern getrennt in Wohnungen oder Häusern, wie der Archäologe William T. Sanders von der Pennsylvania State University von den heiligen Königen von Copán annimmt.

Im ganzen Mayagebiet verbrachten diese Könige ihre Tage mit heiligen Ritualen. Zu bestimmten Zeiten vollzogen sie Aderlaßzeremonien, fielen in Trance und halluzinierten; oft erschienen sie als Götter vor dem Volk.

Für Thronfolger begannen die königlichen Pflichten in frühem Alter, teils, um die erwünschte Thronfolge in der Dynastie zu sichern. Wandgemälde in Bonampak zeigen eine eindrucksvolle Zeremonie: Der König präsentiert seinem Hof ein Wickelkind. Auf einem Relief in Piedras Nigras stehen ein Jüngling und ein König, beide in furchterregendem, heiligem Kriegsstaat, in einem Ritual vor einer Gruppe kniender Helmträger, vielleicht den Söhnen des loyalen

Adels. König, Götter und Gesellschaft führten ein Leben komplexer wechselseitiger Abhängigkeiten.

Zur Königsfamilie gehörten auch Nachkommen früherer Herrscher, und als die Klassik um 800 n. Chr. ihrem Ende zuging, war diese sehr elitäre Hierarchie ins Riesenhafte angewachsen.

Mary Ellen Miller und Linda Schele stellen die Hypothese auf, ein Königspaar hätte um 600 n. Chr. eine Dynastie gegründet. Wenn dieses Paar 4 Kinder hatte und diese Reproduktionsrate durch 3 Generationen weiterging, und wenn alle 16 Enkel Cousins ersten Grades heirateten, hätte das Paar 32 Urenkel gehabt. Da manche Könige mehrere Frauen hatten, wie es in manchen Mayastädten in Brauch kam, wurde eine Königsfamilie zur drückenden Last für die unteren Schichten, die sie ernähren mußten. Miller und Schele schreiben: »Nach einem einfachen Schema der Vetternehe und einer auf vier Kinder begrenzten Familiengröße hätte das Ahnenpaar, bei vorsichtiger Schätzung, mindestens 500 Nachkommen.«

Justin Kerr

*Seltene Wandgemälde, die unter einer schützenden Kalkschicht in einem Tempel im mexikanischen Bonampak erhalten blieben: die Präsentation eines Thronfolgers. Musikanten blasen Hörner, schlagen auf Schildkrötenpanzer und eine Pauke und schwingen Klappern; Schauspieler stellen Erdgötter dar, darunter der Krokodilgott und der Krabbengott.*

FOLGENDE DOPPELSEITE: *Eine makabre Vision in Tonina: Der Todesgott Schildkrötenfuß trägt einen Schildkrötenpanzer auf seinem Skelettfuß und hält einen abgeschlagenen Kopf hoch.*

Peabody Museum, Harvard University, Foto: Hillel Burger; Kenneth Garrett (folgende Doppelseite)

# Die Künste

*Gene S. Stuart*

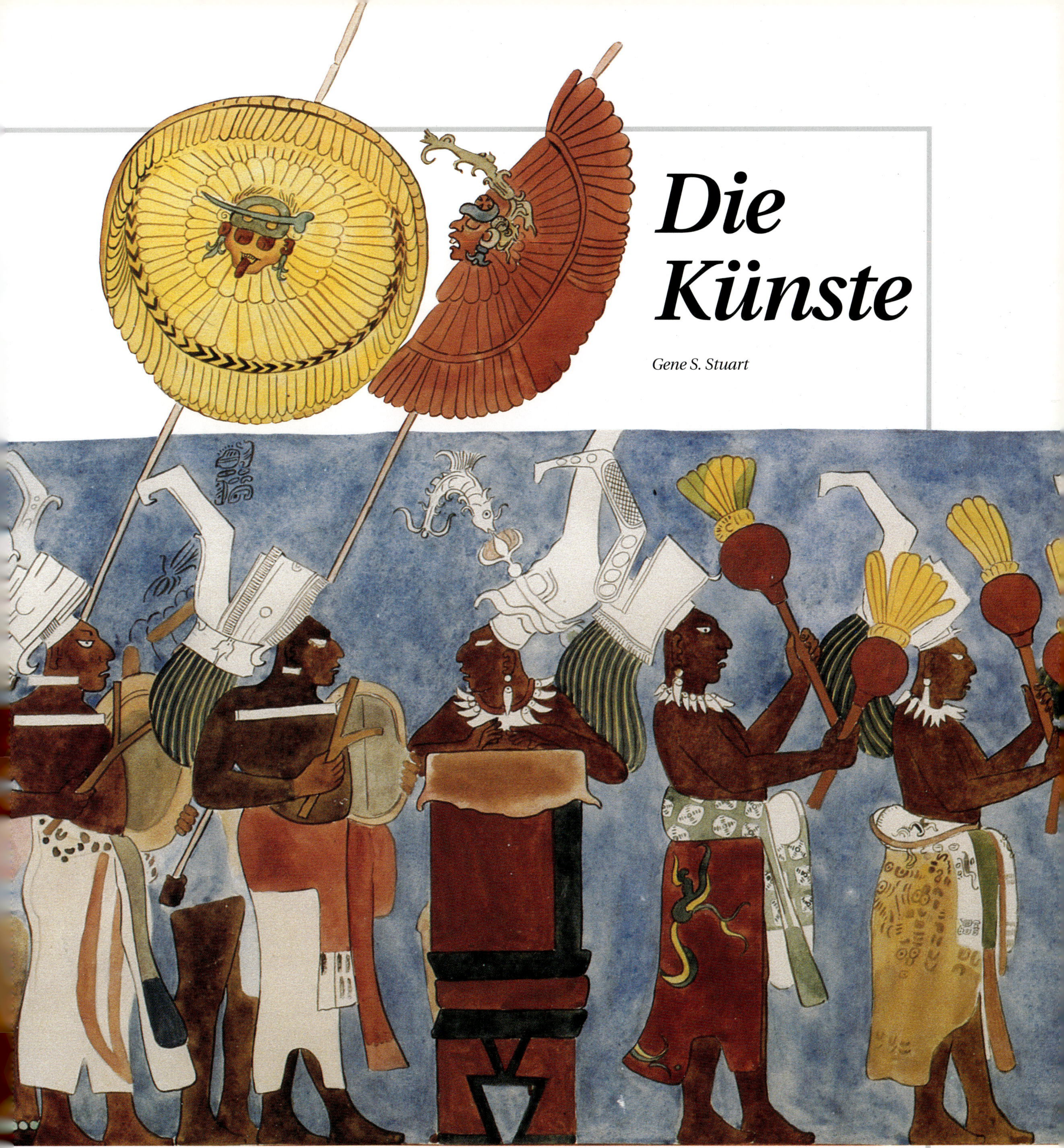

In Yucatán hat sich eine Sequenz eines alten Mayalieds erhalten. Die Melodie ist eingängig, der Takt ein Stakkato: »Kommt, meine Kinder, kommt. Ich werde euch verstecken, werde euch verstecken. Heute ist ein gefährlicher Tag.« Verbirgt sich mehr hinter diesem langlebigen Kinderlied? Wahrscheinlich warnt dieser Vers vor einem Unglückstag im alten Kalender. Vielleicht stammt er aber aus einem vergessenen Erzähldrama, zu dem Orchestermusik, Lieder und Tänze gehörten. Die klassischen Herrscher waren begeisterte Förderer der bildenden Künste; sie müssen auch die Vortragskünste gefördert und geschätzt haben.

Im Juni 1543 betreuten Dominikaner eine Theateraufführung in San Juan Chamelco, zum Teil, um den Adligen Brüllaffe als Mayaführer unter spanischer Herrschaft zu bestätigen. Michael Coe zitiert einen Bericht darüber, was die Priester auf der Plaza der Stadt erlebten. Das Drama begann »mit dem Klang von Trompeten aus Muscheln, Schildkrötenpanzern und anderen Instrumenten. Dies war der Tanz von Hunahpú und Ixbalanqué, der Göttlichen Zwillinge, die die Herren der Unterwelt Xibalbá besiegt hatten.« Die Bühne auf einer Plattform war mit künstlichen Bäumen und Matten dekoriert, und während das Drama seinen Lauf nahm, verblüfften realistische Spezialeffekte das Publikum. Die beiden Hauptdarsteller »schienen über Feuer zu fliegen, die am Rand des Tanzbodens entzündet worden waren, … und umgeben von dichtem Rauch steckten sie den Hain aus Bäumen in Brand.« Helden und Schurken kämpften miteinander; die Zwillinge warfen ihre Feinde und dann sich selbst in die Flammen. Nachdem der Rauch und das Geschrei sich gelegt hatten und nur Asche übriggeblieben war, öffnete sich eine Kammer unter dem Boden, und die Zwillinge tauchten plötzlich wieder auf, »bedeckt mit schönen Federumhängen«. Zum Schluß spendete das begeisterte Publikum den beiden Helden des Stückes donnernden Beifall.

In Yucatán sah Pater de Landa »Schauspieler, die mit etlicher Eleganz Aufführungen geben.« Und er berichtete von Plattformen mit Stufen in Chichén Itzá, die noch heute zu sehen sind: »Zwei kleine Bühnen aus behauenen Steinen, … wo, wie man sagt, Farcen und Komödien zur Belustigung der Öffentlichkeit aufgeführt wurden«.

Der Vers eines Liedes, das eine Warnung enthält, Berichte über elegante Schauspieler und dramatisches Theater – dies ist erhalten, aber kaum Musikinstrumente, keines der Ausstattungsstücke, nur Stoffreste. Was wir an Kleidung, Kopfputz oder Federschmuck der Maya heute kennen, hat in dauerhafteren Materialien überlebt: als Reliefs oder Plastiken aus Stein, Stuck, Muschelschalen, Ton und manchmal Holz. Die Mayakunst blühte in der Klassik, als die Könige Künstler förderten, ähnlich manch europäischem Herrscher. Einige Künstler waren mit den Königen verwandt; eine Signatur auf einem Gefäß identifiziert den Maler als Sohn des Königs von Naranjo in Guatemala. Große Städte müssen andere Talente von weither angelockt haben, denn jedes politische Zentrum war auch ein Kunstzentrum.

Vom Bauern bis zum Patriarchen hatten die Maya Ehrfurcht vor der Kreativität, jener einzigartig menschlichen Gabe. Und in jeder Mayasprache von der Antike bis heute sind die Wörter für Künstler und Schreiber die gleichen. Gewöhnlich denken wir im Zusammenhang mit Mayakunst an große Steinskulpturen. Manche dienten als Schmuck an Bauten, die Stile reichten von Reliefdarstellungen bis zu freistehenden Skulpturen mit fast vollplastischem Charakter. An der Fassade des Maskenpalastes in Kabah in der yukatekischen Region Puuc reihen sich zum Beispiel 250 Chac-Masken mit rüsselartiger Nase reliefartig aneinander. Fast vollplastische Königsfiguren finden sich an den Stufen der Hieroglyphentreppe in Copán.

Die Monumentalskulptur hatte ihre Wurzeln in früheren Kulturen und war in der Vorklassik üblich geworden, als freistehende Stelen aus gemeißeltem Stein schon Herrscher porträtierten und Daten angaben. Die früheste bekannte Stele kommt aus Tikal in Guatemala und ist mit 292 n. Chr. datiert. Die Tradition, diese Monumente aufzustellen, hielt sich rund 600 Jahre. Die klassischen Mayabildhauer mochten offenbar keinen leeren Raum. Auf Stelen meißelten sie nicht nur das Königsporträt und eine Inschrift ein, die Daten von Geburt, Schlachten, Thronbesteigung oder Tod umfassen konnte, sondern sie füllten die umgebende Fläche mit Pflanzen, Tieren und abstrakten Formen voll dichter symbolischer Bedeutung. Für den Maya, der sie sah, war die Aussage auf einer Stele klar und deutlich.

Die meisten Bildhauer arbeiteten in Flachrelief, doch einige lösten sich mit Bravour von der Tradition, und in verschiedenen Städten entwickelten sich eigenständige Stilrichtungen. Die regionale dreidimensionale Schule der Skulptur in Copán hatte Stelen, die belebter und »barocker« waren – und umfangreicher – als in anderen Städten. In Quiriguá, von Copán nur rund 50 Kilometer entfernt und oft mit ihm im Krieg, schufen Bildhauer die höchsten Mayastelen, vielleicht in einer Art künstlerischem Wettkampf, den die rivalisierenden Herrscher begünstigten. Yaxchilán ist berühmt für seine schönen reliefbedeckten Türschwellen der Tempel, Piedras Negras in Guatemala für seine wunderbaren Stelen und Paneele, die manche Teile der Figuren im Relief zeigen und andere plastisch.

Wegen seiner herrlichen Architektur und seiner Stuckplastik ziehen viele Besucher das mexikanische Palenque anderen Mayastädten vor. Von den Wandgemälden, die Palenques Palastwände in der Klassik bedeckten, sind nur Fragmente erhalten; Mayawandmalereien sind ein seltener Fund. Eine solch glückliche Entdeckung gelang in einem kleinen Tempel in Bonampak, wo sich, aufgrund des ungewöhnlich feuchten Klimas, eine schützende dünne Kalkschicht über den Fresken gebildet hatte. Sie zeigen, wie lebendig die Maya malen konnten. Die kraftvollen Malereien in lebhaften Farben stellen Zeremonial- und Kampfszenen dar. Verblüffend realistisch geben sie auch den hohen Standard des Kunsthandwerks wieder: aufwendig bestickte und gewebte Gewänder, prächtigen Kopfschmuck und Umhänge mit Quetzalfedern und anderen kostbaren Federn.

Neben den Quetzalfedern schätzten die Maya Jade, auch weil sie in der grünen Farbe der beiden ein Symbol des Lebens sahen. Der Adel trug Jadeschmuck im Überschwang: als Halsketten, Ohrringe, Arm- und Fußreifen und an Gürteln. Sie hielten Figurinen und Plaketten aus Jade in Ehren, bewahrten sie oft über Generationen auf und opferten sie dann, etwa in einem Königsgrab. Eine Jadeplakette, um 800 v. Chr.

von den Olmeken geschnitzt – die als die Ahnen der Maya gelten –, kam in einem Grab von etwa 800 n. Chr. auf der mexikanischen Insel Cozumel ans Licht. Dieses Erbstück war also 1600 Jahre oder länger weitergegeben worden, bevor es eine Grabbeigabe wurde.

Kunstwerke aus Ton sind in der Mayakunst verbreitet. Die Kunsthandwerker der Vorklassik und Nachklassik produzierten Meisterwerke, aber auch hier waren die Künstler der Klassik überragend, besonders beim Formen und Bemalen von Gefäßen.

Die polychrom bemalten Gefäße verdienen besondere Beachtung. Illustrationen auf zylindrischen Töpfen zeigen Gottheiten, höfische Szenen, dämonische Vorstellungen der Unterwelt. Mit ähnliche Malereien der übernatürlichen Welt waren wahrscheinlich die klassischen Codices illustriert, doch leider ist keiner von ihnen erhalten. Diese Gefäße erzählen uns Geschichten, ob wir sie lesen können oder nicht. Und manche haben einen charakteristischen Stil, so daß man einzelne Künstler oder Werkstätten identifizieren kann. Viele tragen den Namen des Künstlers oder Eigentümers.

In den achtziger Jahren führten die Archäologen Jennifer T. Taschek und Joseph W. Ball von der San Diego State University in den Ruinen von Buenavista del Cayo in Belize Grabungen durch; in einer königlichen Krypta aus dem 8. Jahrhundert machten sie eine überraschende Entdeckung: Ein junger Adliger war in Kleidern aus Leopardenfell bestattet worden, sogar mit Fäustlingen aus Jaguarpfoten. Unter den Grabbeigaben fand sich ein wertvolles Gefäß mit Inschrift und Bemalung, das einen anderen jungen Adligen zeigte – den Maisgott. Die Glyphen wurden von David Stuart und Stephen D. Houston von der Vanderbilt University entziffert; ein Teil von ihnen lautet: »sein Trinkgefäß für den ›gewürzten‹ Kakao«, gefolgt von dem Namen »Rauch-Eichhörnchen«, einem bekannten König in Naranjo, einer weit mächtigeren Stadt, die nur rund 13 Kilometer entfernt lag. Die Forscher nehmen an, daß dieses Gefäß, speziell für Kakao angefertigt, dem angesehenen Rauch-Eichhörnchen gehört hatte und der Familie des jungen Adligen aus Buenavistas zum Geschenk gemacht wurde.

Kleine Kunstwerke in Form von Tonfigurinen zeigen oft einen bezaubernden und weniger formellen Aspekt des Lebens der Maya. Ein Schatz spätklassischer Grabbeigaben in Form von Tonfigurinen kommt von der Insel Jaina an Yucatáns Golfküste. Sie stellen Tiere und Pflanzen sowie Adlige und Götter dar. Eine der anmutigsten zeigt eine Gottheit in reich verzierter Tunika mit einem dicken, ganz von Federn bedeckten Umhang. Seine Lippen sind leicht geöffnet, als spräche oder sänge er. Graziös schwingt er in leichtfüßigem Tanz eine Hand nach oben und beugt die Knie. Er ist ein glücklicher Gott, ein Vortragskünstler, großer Sänger und Musikant. Es ist Ah Kin Xooc, der Gott der Dichtung.

*Eine exzentrische, zarte Silhouette aus Feuerstein, vielleicht ein Herrscher oder Gott. Diese seltenen Objekte bildeten möglicherweise die Spitze von Zeremonialstäben.*



Kenneth Garre

*Die reichverzierte Steinstele B in Copán bietet die perfekte Nisthöhle für einen Kiskadee. Die Skulptur aus dem 8. Jahrhundert porträtiert den mächtigen König namens »18 Kaninchen« von Copán, der in seiner langen Regierungszeit von 43 Jahren einer großen Blüte der Künste vorstand. Das tiefe, fast vollplastische Relief weist die für den damaligen Stil Copáns typische Komplexität auf. Der Hut aus einer Spirale von Stoffstreifen unter dem Kopfschmuck des Herrschers ist in Teilen Guatemalas noch immer als festliche Kopfbedeckung üblich. Unten: Die Teilnehmer an einer Osterprozession in Santiago Atitlán in Guatemala tragen ähnliche eng gewickelte, farbige Tücher aus Wolle.*

Gianni Vecchiato; Kenneth Garrett (rechts)

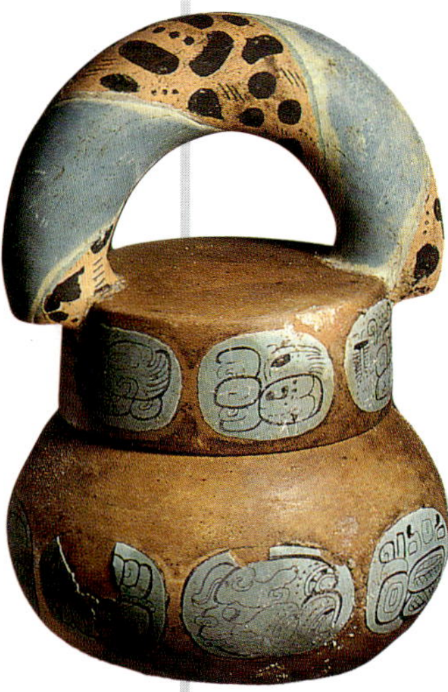

Aus Keramikgefäßen trank der Adel einst sein Lieblingsgetränk, den Kakao. Glyphen auf dem Gefäß oben identifizieren es als Kakaobecher des Adligen Rauch-Eichhörnchen, und Figuren darauf stellen den Maisgott dar. Es wurde mit einem jungen Adligen, dem es wahrschein-

Justin Kerr; National-Geographic-Fotograf George F. Mobley (links unten)

*lich geschenkt wurde, in Buenavista del Cayo (Belize) bestattet. Links: Der Kakaotopf mit verschließbarem Deckel aus einem Grab in Rio Azul in Guatemala trägt die Glyphe für Kakao.*

*Porträt eines adligen Maya (rechts). Der Ausschnitt aus einem reliefverzierten Kalksteinmonument in Balancán bei Palenque illustriert das Schönheitsideal in einem jungen Mann. Sein Profil zeigt eine lange, fliehende Stirn; um sie zu erreichen, wurde der Schädel von Kindern in Bretter eingeklemmt. Links: »Herrin Abendstern opfert ihr Blut« lauten die Glyphen um die Stele aus dem 8. Jahrhundert in Yaxchilán (Mexiko). In dieser seltenen Darstellung einer Frau in der Monumentalkunst der Maya hält die Mutter des Königs Vogel-Jaguar eine Schale mit Weihrauchstreifen, um ihr eigenes Blut aufzufangen, das im rituellen Zungendurchstechen vergossen wurde. Nichterhaltene Kunstwerke, zum Beispiel Federarbeiten und Textilien, sind oft an solchen Skulpturen zu sehen. Im Mayagebiet entwickelten sich verschiedene Stile, von der fast vollplastischen Skulptur Copáns bis zu den flachen hier gezeigten Reliefs. Als John Lloyd Stephens solche Werke sah, schloß er: »Niemals haben Wilde diese Steine gemeißelt.«*

David Hiser/Photographers Aspen; George E. Stuart, NGS-Mitarbeiter (rechts)

## Die Künste:
# *Jaina-Figurinen*

Jaina kann kaum als Insel bezeichnet werden. So befand 1838 der Besucher Jean Frédéric Waldeck, es sei eine Halbinsel. Heute trennt ein seichter Priel, der stellenweise nur 10 Meter breit ist, Jaina von einem Mangrovenwald an der Golfküste des mexikanischen Staates Campeche. Das ovale Landstück von 1000 mal 770 Metern wurde um 300 n. Chr. von Maya besiedelt und war um 600 eine kleine, aber betriebsame Provinzstadt. Seereisende sehen seine mächtigen Pyramiden noch immer aus großer Entfernung. Gelehrte finden Jainas Architektur relativ unauffällig und unbedeutend, sind aber begeistert von den erstaunlichen Grabbeigaben des Fundortes, der den größten bekannten Friedhof im Mayagebiet hat – schätzungsweise 20 000 Gräber. Alle enthalten wahrscheinlich kleine Tonfiguren als Opfergaben. Es gibt so viele Gräber, daß manche Experten sich fragen, ob Jaina als Bestattungszentrum für den Adel der weiteren Umgebung

diente. Über tausend solche Gräber wurden von Archäologen ausgegraben; viele wurden leider von Grabräubern geplündert. Die Hinterbliebenen hatten den Toten Figurinen in die Hand gelegt, bevor sie die flachen Gräber schlossen. Sie stellen zumeist Menschen dar, und insgesamt bieten sie einen sehr anschaulichen Querschnitt des Adels und der Lebensweise der spätklassischen Maya. Viele der Figurinen haben ein dynamisches, natürliches Aussehen und sind bunt gefaßt; sie könnten Porträts der Verstorbenen oder von geachteten Führern sein. Wir sehen Dicke und Dünne, Junge und Alte. Wir sehen Zwerge, Hunde, Gottheiten, juwelengeschmückte Adlige beider Geschlechter mit Hut oder Kopfschmuck, Krieger mit Schild und thronende Herrscher. Manche Figuren sind gleichsam in der Bewegung erstarrt: Ein Ballspieler mit Schutzpolstern läßt sich auf ein Knie fallen; ein ekstatischer Tänzer mit Umhang wirft die Arme und wirbelt herum; ein Gefangener ist an einen Pfosten gefesselt. In ihrer Vielfalt sind diese Skulpturen selten höher als 30 Zentimeter. Die Kunsthandwerker modellierten viele, formten andere in Modeln und stellten einige in einer Verbindung beider Techniken her. Oft sind die Figuren gleichzeitig Pfeifen, Okarinas, Rasseln oder kombinierte Instrumente. Manche Forscher meinen, die Bewohner von Jaina könnten sie bei Bestattungsritualen gespielt haben, bevor sie sie als letzte Gaben den Verstorbenen schenkten. Die Massenproduktion mit Modeln verminderte schließlich die Qualität und Vitalität der Figurinen. Im Jahr 1000 n. Chr. hatten die Lebenden diese geschäftige Stadt am Meer aufgegeben und den Toten allein überlassen.

Justin Kerr (alle)

Die untergehende Sonne erleuchtet die Fassade des Maskenpalastes in Kabáh in Yucatán; er ist ein besonders reich verziertes Beispiel des Architekturstils von Puuc. Rechts: Die rüsselartige Nase einer der 250 fast identischen Chac-Masken auf der Fassade des Maskenpalasts. Kabáh liegt 15 Kilometer südöstlich von Uxmal; beide Städte waren mit einer Straße verbunden.

FOLGENDE DOPPELSEITE: *Caana, ein sakraler Pyramidenkomplex, zu dem Tempel, Gräber und Wohnhäuser gehörten, erhebt sich im dichten Regenwald von Caracol in Belize.*

Richard Alexander Cooke III. (beide); Caracol Archaeological Project (folgende Doppelseite)

# Die Erbauer

George E. Stuart

Spät an einem Augustabend um das Jahr 590 brach ohne vorherige Anzeichen ein Vulkan im ruhigen Zapotitan-Tal in El Salvador aus. In wenigen Tagen begruben Lavamassen, schnell treibende Aschewolken und Staubregen 20 Quadratkilometer des Talbodens unter einer 5 bis 6,5 Meter hohen Schicht – einschließlich des Dorfes, dessen Überreste man jetzt Cerén nennt. Nach geologischen Maßstäben war dieser erste und einzige Ausbruch des Laguna Caldera klein. Für die Familien, die hastig aus Cerén und vor dem neuen Vulkan flohen, der sich in wenig mehr als einem Kilometer Entfernung bildete, muß das Ereignis furchterregend gewesen sein. Payson D. Sheets von der University of Colorado verdankt dem Ausbruch vor 1400 Jahren einen einzigartigen Einblick in Form und Funktion alter Mayahäuser – vielleicht den besten, den je ein Archäologe haben wird.

Bau 1 mißt nur 14,5 Quadratmeter. Dort aß und schlief eine Familie, töpferte, spann Baumwolle, bewahrte Vorräte und Werkzeug auf – rasiermesserscharfe Obsidianklingen waren hier eindeutig für Kinder unerreichbar verstaut. Der Bau aus einem einzigen, rechteckigen Raum mit überdachter Veranda stand auf einem größeren Sockel aus gebranntem und mit Heu vermischtem Lehm. Seine an robusten Eckpfeilern verankerten Wände waren ebenfalls aus Lehm, glatt über ein Geflecht aus senkrechten und waagerechten dünnen Baumstämmen gestrichen. Die Wände waren etwa 1,50 Meter hoch. Der spitz zulaufende Dachstuhl war zur Durchlüftung leicht erhöht aufgesetzt; vom Strohdach und über die Ränder des Sockels oder der Plattform konnte das Regenwasser abfließen.

In Größe, Art und Anlage, wenn auch nicht in Material und Einzelheiten, unterschieden sich die Häuser, die Sheets in Cerén fand, kaum von denen, die seit der frühen Vorklassik bis heute in Mittelamerika gebaut werden. Aus solchen Häusern bestanden die Wohngebiete der Mayastädte, und sie waren die Grundlage der alten Mayabaukunst.

Im Interesse von Politik und Religion und motiviert durch die absolute Macht ihrer Gottkönige schufen die unbekannten Baumeister der alten Maya aus den beiden Grundelementen des Mayahauses – der terrassenartigen Plattform als Unterbau und dem überdachten Rechteck mit zentralem Eingang – eine erstaunliche, respektable und scheinbar unendliche Formenvielfalt.

Betrachten wir die einfache Plattform. Vorklassische Architekten legten sie breiter und höher an. Schicht auf Schicht oder Stufe auf Stufe wurde aufgetragen, bis die erwünschte Höhe und Oberfläche erreicht war. Nach und nach entstand so die Form einer Pyramide; und da sie immer den Unterbau für Gebäude darstellte, war sie stets ein Pyramidenstumpf. Eine oder mehrere Treppen wurden, während die Plattform wuchs, eingebaut und vervollständigten sie. Die Resultate ihres Könnens sind erhalten geblieben: zum Beispiel als majestätischer, massiver Bau, der Lamanai in Belize überragt, als Pyramiden einer versunkenen Welt im vorklassischen Tikal und in vielen anderen Mayastädten. In der einen oder anderen Form und trotz stilistischer Unterschiede dominiert die königliche Pyramide die meisten wichtigen Mayastätten vom klassischen Copán bis zum nachklassischen Chichén Itzá.

Das Bestreben, solche Gebäude auf erhöhten Plattformen zu errichten, ist wahrscheinlich eine Fortführung der Praxis, Wohnhäuser auf Sockel zu stellen. Fast unvorstellbar ist dabei das Volumen der Stein- und Erdmassen, das benötigt wurde, um beispielsweise die Wahrsagerpyramide in Uxmal aufzuschütten. Und dies ist um so erstaunlicher, da den Maya das Rad nicht bekannt war, und deshalb das Material nicht mit Wagen oder Karren herantransportiert werden konnte, sondern herbeigetragen wurde.

Die gewöhnlichen Wohnhäuser aus den vergänglichen Materialien wie Holz und Lehm waren wahrscheinlich Vorbild für feste Bauten der Maya aus Stein; mit Ziegeln wurde nur in Comalcalco in Tabasco gebaut. Das schwierige Problem der über den Eingangsportalen auftretenden Druckspannungen lösten sie mit ihrem berühmten Kragsteinbogen – einem über der Mittellinie des Raumes zusammengeführten Gewölbe aus Steinen, wobei der nächsthöhere über den unteren vorkragt, bis sich die Steine im Scheitel schließlich berühren.

Die Baumeister konnten die Kombination aus überdachtem Grundrechteck und zentralem Eingang nach Belieben verlängern, aber immer entlang der Längsachse, denn das Kraggewölbe ließ keine allzu großen Spannweiten zu (höchstens etwa 4 Meter). Dies zwang den Architekten, Rechtecke auf verschiedene Weisen aneinanderzufügen, um Bauten mit mehr als einem Raum zu schaffen, oder vorhandene Räume mit Zwischenwänden aufzuteilen. In seltenen Fällen – ihre Herausforderung der Statik ist ehrfurchtgebietend – gelang es genialen Architekten, Gewölbe um Ecken zu führen.

Bei der Planung ihrer Bauten nutzten die Maya nicht nur ihr Können als Ingenieure, sondern sie erwiesen auch dem Kosmos ihre Achtung. Jeder Bau wurde fast liebevoll innen und außen mit Kalkmörtel als Oberflächenputz versehen. Oft wurden wichtige Flächen wie die Seiten von Treppen, Fassaden, Dachkämme (die hohen Steinaufsätze, die ein Gebäude höher und imposanter aussehen ließen) und sogar Innenwände mit Fresken oder mit Reliefs von Göttern und Herrschern verziert. Solche Wandgemälde sind aber aufgrund der Witterungseinflüsse nur sehr selten erhalten geblieben.

Auch die Bauten selbst dienten als Metaphern – Pyramiden waren Berge, Tempel waren Höhlen, die zur Unterwelt führten; ihre Eingänge erweckten den Eindruck aufgerissener Rachen von Ungeheuern. So bildeten sie angemessene Bühnen für die Rituale, die die Macht der Könige und Priesterastronomen stärkten. Die erste Pyramide, die um 50 v. Chr. in Cerros im Norden Belizes gebaut wurde, war eine Bühne ebendieser Art. Der Archäologe David Freidel, der sie ausgegraben hat, und die Kunsthistorikerin Linda Schele von der University of Texas haben es nachgewiesen: »Nicht nur die fertiggestellten Pyramiden und Gebäude waren Orte heiliger und frommer Handlungen, auch ihr Bau selbst.«

Die kleine, zweistufige Plattform ist nach Süden ausgerichtet und war mit den riesigen Ebenbildern von Venus und Sonne verziert. Wer vor dem Bau stand, sah die zentrale Treppe als Trennlinie zwischen einem östlichen und einem westlichen Gesichterpaar: An der Ostseite stellt die untere Maske die aufgehende Sonne dar, markiert mit der Glyphe für »das erste« oder »neu«. Darüber steht die Venus als Morgenstern. An der Westseite der Plattform zeigt ein weiteres Paar übereinander angeordneter Porträts von Himmelskörpern die untergehende Sonne und die Venus als Abendstern.

Solchen Bauten wurde offenbar große Macht zugeschrieben, die sich meist auf ihre Standorte übertrug. Dies scheint für Copán zuzutreffen; dort fand der honduranische Archäologe Ricardo Agurcia Fasquelle, leitendes Mitglied des Acropolis Project, unter der Struktur 16, dem höchsten Tempel dieser Akropolis, ein guterhaltenes, frühklassisches Gebäude, das Rosalila genannt wurde. Laut Agurcia wurde Rosalila die Ehre zuteil, die man gewöhnlich mit der Bestattung eines Menschen assoziiert: Sein bunt bemalter Stuck bekam ein dickes Totenhemd aus Gips, und dann wurde er sorgsam beerdigt.

Mayabauten bekamen auch durch ihre Lage zueinander eine Bedeutung. Wie der guatemaltekische Archäologe George F. Guillemin und die Kunsthistorikerin Clemency Chase Coggins von der Boston University gezeigt haben, wurde der Bereich um Tikals Großen Platz in Form einer gigantischen Karte des Universums angelegt, ganz ähnlich wie die Doppelplattform in Cerros. Hier symbolisiert die Lage der Gebäude die Kreisbahn der Sonne. Tempel I, das hohe Grabdenkmal des Herrschers Ah Cacao, steht im Osten, der Position des Sonnenaufgangs. Nach einer alten mesoamerikanischen Vorstellung, die den Norden mit Oben gleichsetzt, stehen in der Nord-Akropolis, dem Zenit, die Grabpyramiden seiner verehrten Vorgänger, und der Sonnenuntergang ist in Tempel II manifestiert, möglicherweise einem Denkmal für Ah Cacaos Frau. An der Südseite des Platzes schließt ein langer Bau mit neun Eingängen (der Zahl, die mit der Unterwelt assoziiert wurde) den kosmischen Kreis ab.

Vernon L. Scarborough von der University of Cincinnati, der im Zentrum von Tikal Forschungsarbeiten durchführte, hat kürzlich das Panorama der Bauplanung der Maya um einen weiteren Gesichtspunkt ergänzt. Anhand detaillierter Untersuchungen konnte er auch eine praktische Funktion des Stadtkerns feststellen: Alle horizontalen Oberflächen, von den Dächern der Gebäude bis zur Großen Plaza selbst, waren auf subtile Weise so angelegt, daß sie das kostbare Regenwasser in die Reservoirs der Stadt leiteten – ein profaner, aber wesentlicher Aspekt der Mayaarchitektur, der an die Hauptfunktion der einfachen Strohdächer gewöhnlicher Häuser erinnert.

*Mit ähnlichen Methoden wie seine Vorfahren bringt Maurermeister Juan Chable Führungsschnüre an, um in Tulum, einem nachklassischen Handelszentrum an der Küste von Quintana Roo, die Position von Steinen zu ermitteln.*

FOLGENDE DOPPELSEITE: *Der einzigartige, dreistöckige Turm im Palast von Palenque, dessen Dachschrägen und luftige Räume die öffentliche Architektur der Stadt kennzeichnen.*



David Allen Harvey; Kenneth Garrett (folgende Doppelseite)

Wilbur E. Garrett

*Die Zwillingstürme von Tempel B von Río Bec in Campeche spiegeln den Baustil wider, den man in Tikal und anderen Fundstätten des Petén findet. Die 17 Meter hohen, massiven Türme flankieren die niedrigen Gebäude zwischen ihnen. Diese Art der Bauwerke stellen eine vorgetäuschte, von einem Pseudotempel besetzte Pyramide dar. Die spätklassische Anlage wurde 1912 in fast intaktem Zustand entdeckt und geriet in Vergessenheit, bis sie 1973 wiederentdeckt wurde.*

George E. Stuart, NGS-Mitarbeiter; Kenneth Garrett (folgende Doppelseite)

*Zähne und Augenhöhlen aus Stein über dem Rachen eines Ungeheuers – dem Eingang eines Tempels in Chicanna (Campeche). Der Name bedeutet in der yukatekischen Mayasprache »Schlangenhaus«. Solche Eingänge symbolisierten Höhlenöffnungen, die in die übernatürliche Unterwelt führten. Archäologen fanden den Tempel 1966, verborgen unter Erde, Wurzeln und Bäumen (oben). Die Ausgrabung brachte ein guterhaltenes Monument ans Licht, an dem sogar rote Farbspuren erhalten waren.*

FOLGENDE DOPPELSEITE: *Der spätklassische Torbogen von Labná, der als der schönste im Mayagebiet gilt, diente als zeremonieller Durchgang zwischen Höfen. Dahinter der Tempel El Mirador. Der Fries an dieser Seite des Bogens deutet wahrscheinlich darauf hin, daß hier der wichtigere Hof war; die Ostseite ist mit geometrischen Steinmustern verziert. Zwei kleine Räume flankieren den Bogen.*

*Steile Stufen führen zur Spitze der Wahrsagerpyramide in Uxmal. Der Sage zufolge baute ein Zwerg die massive Pyramide in nur einer Nacht. Es ist ein anstrengender Aufstieg zum Tempel auf der obersten Plattform, von der aus sich ein Panoramablick über Uxmal und den umgebenden Wald bietet: Diese Treppe hat einen Steigungswinkel von etwa 45 Grad, diejenige auf der gegenüberliegenden Seite hat 60 Grad. Im Lauf der Jahrhunderte wurden fünf Tempel übereinandergebaut. »So wohl gebaut sind sie aus geschnittenem Stein in ihrer Weise«, schrieb Pater de Landa über die Mayabauten, »daß es staunen macht.«*

Kenneth Garrett

David Allen Harvey; Richard Alexander Cooke III. (rechts)

*Der Caracol im Mondlicht – der endklassische Bau in Chichén Itzá diente vielleicht astronomischen Beobachtungen. Wegen seiner innenliegenden Wendeltreppe nannten ihn die Spanier Caracol. Er ist der einzige Rundbau der Maya im nördlichen Yucatán. Rechts: Ein sogenannter Chacmool bewacht zwischen zwei Schlangenpfeilern, Motive der toltekischen Kunst, den Zugang zum Kriegertempel in Chichén Itzá. Zwanzig Pfeiler trugen ursprünglich das Dach des Tempels. Auf dem Steinteller des Chacmool wurden wahrscheinlich Herzen und andere Gaben als Opfer dargebracht.*

Die Erbauer:

# *Der Gouverneurspalast*

Es gibt keine Grobheit oder Barbarei in Anlage und Proportionen, im Gegenteil, das Ganze hat eine Aura architektonischer Symmetrie und Großartigkeit.« Wer einmal in dem frühen Morgennebel gestanden hat, der die Ruinen von Uxmal oft umfängt, kann John Lloyd Stephens' ersten Eindruck vom Gouverneurspalast bekräftigen. Es ist das imposanteste Gebäude dort und für viele das großartigste Beispiel präkolumbischer Baukunst.

Der Palast besteht aus einem Mittel- und zwei Seitenbauten, die durch Kraggewölbe miteinander verbunden sind.

Richard Alexander Cooke III.

Er ist rund 100 Meter lang und steht auf einer riesigen, vierstufigen Plattform, die sich 17 Meter über den Boden erhebt. Der gesamte Komplex wurde genau auf die südlichste Deklination der Venus als Morgenstern ausgerichtet.

Der Kunsthistoriker Jeff Karl Kowalski von der Northern Illinois University, gegenwärtig sein angesehenster Erforscher, glaubt, daß er um 900 n. Chr. von König Chac von Uxmal gebaut wurde und daß der Komplex zugleich Residenz und Verwaltungszentrum war. Heute ist der Gouverneurspalast, wie Kowalski sagt, »von zentraler Bedeutung für die Architekturgeschichte der Maya«.

*Copáns Ballspielplatz liegt nah am Fuß der Hieroglyphentreppe. Solche rituellen Ballspielplätze symbolisierten die Grenze zwischen der natürlichen und der übernatürlichen Welt.*

*Die Spiele waren Metaphern, und der Ball vollzog die Flugbahnen der Himmelskörper nach. Rechts: Auf einem Gefäß ist ein Spieler in seiner Ausrüstung mit einem Kautschukball dargestellt.*

FOLGENDE DOPPELSEITE: *Blüten, Symbol des Göttlichen, blühen auf Fahnen im Karneval von San Juan Chamula in Chiapas. Das jährliche Fest vor der Fastenzeit dauert fünf turbulente Tage.*

Richard Alexander Cooke III.; Justin Kerr (rechts); Otis Imboden (folgende Doppelseite)

# Religion und Ritual

George E. Stuart

Der alte Maya trug ein weißes Hüfttuch und Hemd und Sandalen; nur vom Licht von 13 schwarzen Kerzen geleitet, stieg er vorsichtig den rutschigen, schwarzen Hang hinauf zu der dicken, natürlichen Steinsäule, die sich genau in der Mitte der unterirdischen Kammer gebildet hatte. Er trug in zwei Eimern frisch geopferte und zubereitete Hühner. Vorsichtig setzte er sie zwischen Weihrauchgefäßen aus Lehm und Stein ab. Diese waren vielleicht von einem fernen Vorfahren des alten Mannes dorthin gebracht worden; sie standen schon seit über tausend Jahren dort.

Was der alte Maya tat, war einer der wichtigen Schritte in der Zeremonie Tsikul T'an ti' Yuntsiloob – »Ehrfürchtige Botschaft an die Herren« –, die Mitte Oktober 1959 in der Balankanche-Höhle in Yucatán stattfand, am Rand der Ruinen von Chichén Itzá. Sie wurde von Romualdo Ho'il geleitet, einem Mayapriester aus einer benachbarten Stadt, und der alte Mann war erster Altardiener unter seinen insgesamt 13 Gehilfen.

Das Allerheiligste, wo der Hauptteil der Zeremonie stattfand, hätte nicht geeigneter sein können, denn die Natur hatte es wie ein fast perfektes Modell des Mayakosmos geformt: Sein wie ein Miniaturberg gewölbter Boden stieg zur Basis einer großen Kalksteinsäule an, einem vollkommenen Abbild des zentralen Weltbaumes Yaxche mit Blättern, die zu Tausenden glitzernder Stalaktiten am Himmelsgewölbe der Decke gefroren waren. An einer Wand führte ein dunkles, zackiges Loch nach unten zu einer weiteren großen Kammer und einem stillen Teich aus Shuhuy ha', jungfräulichem Wasser.

Die Zeremonie galt den Göttern des Himmels und des Waldes und dauerte fast 48 Stunden. Sie umfaßte Opfer, den rituellen Verzehr geweihter Speisen und Getränke und eine Litanei, in der christliche Heilige und Mayagötter angerufen wurden. Am Höhepunkt ahmte der Priester das Grollen des Donners nach, und im Hintergrund ertönte ein Jungenchor. Der Zweck war, wie der Priester zuvor erklärt hatte, »zu beten, daß denen keine Gefahr droht, die ohne Erlaubnis der Götter in diese heiligen Stätten eingedrungen sind«.

Ich war einer der Schuldigen, die die Balankanche-Höhle unwissentlich entweiht hatten. Kurz zuvor hatte man durch Zufall alte Opfergaben gefunden, die um das 9. Jahrhundert dort versiegelt worden waren – etliche Miniaturmaismühlen und Reihen von Weihrauchgefäßen, von denen viele das Antlitz des Regengottes mit seinen Reißzähnen und starrenden Augen trugen. Ich war gekommen, um bei der Dokumentation des Fundes zu helfen.

Die Zeremonie, in der ich eine Nebenrolle als Büßer spielen durfte, weckte Erinnerungen in mir und war mir eine wertvolle Lektion. Zuvor hatte ich die alten Ruinen Yucatáns nur als reizvolle archäologische Überreste gesehen, die kartiert und datiert werden mußten; danach begann ich, die lebendige Kultur, die mit solchen Orten verbunden ist, zu würdigen. Schließlich vergaben die Mayagötter uns offenbar unser Eindringen, denn einen Tag nach dem Ende des Rituals regnete es in Strömen – für Romualdo Ho'il und seine Gehilfen ein sicheres Zeichen, daß ihr Zauber gewirkt hatte.

Religion und Ritual waren für die Maya von Anfang an untrennbarer Bestandteil des Lebens. In einer glänzenden neuen Untersuchung über die Götter des alten Yucatán verfolgt der Anthropologe Karl Taube von der University of California viele von ihnen zurück bis zu den ersten Anfängen der Mayakultur. So erscheint zum Beispiel Chac, der in der Balankanche-Höhle angerufen wurde, schon früh als Gott mit rüsselartiger Nase, der für Regen steht und der auch mit anderen Aspekten assoziiert wird. Häufig hält er ein Beil in der Hand, was seine Deutung als Regengott unterstützt, da einige Mayavölker heute noch den Donner als von Regengöttern geworfene Beile auslegen.

Der gewaltige Itzamna, einer der wichtigsten Götter der Maya, zeigte sich in vielen Gestalten und wurde mit zahlreichen Aspekten assoziiert; er war Schöpfergott, Gott des Kultes, Gott der Heilpflanzen und schließlich Gott der Schreibkunst.

Taube und andere Fachleute auf dem Gebiet der anspruchsvollen mesoamerikanischen Ikonographie haben unter den anderen Mayagöttern spezifische Gottheiten ausgemacht: männlich und weiblich, in Menschen- und Tiergestalt, assoziiert mit Mais, Tod und Verwesung, dem Mond, der Venus, Bergen, göttlicher Abstammung und scheinbar zahllosen anderen Themen. Manche Götter dienten als Patron bestimmter Tage, Monate oder Zahlen. Als wäre dies nicht genug, um die hartnäckigsten Gelehrten auf die Probe zu stellen, konnten fast alle diese übernatürlichen Wesen verschiedene Farben oder Standorte haben, je nach ihrer aktuellen Rolle in der Schichtung des Mayauniversums.

Es ist nicht einfach, die vielen Bewohner im Pantheon der alten Maya zu verstehen oder auch nur zu kennen. Durch die Riten, mit denen sie angerufen wurden, kann man jedoch oft eine Vorstellung von ihnen bekommen. Rituelle Blut-, Menschen- und andere Opfer – diese Ereignisse gingen häufig mit Tänzen, Musik und dem Verbrennen von Pom einher, einem Weihrauch aus dem aromatischen Harz des Kopalbaumes.

Wie Linda Schele und Mary Ellen Miller schreiben, war Blut »der Mörtel des rituellen Lebens der alten Maya. Die Maya opferten bei jedem wichtigen Anlaß im Leben einer Person oder der Gemeinschaft Blut.« Schon die Häufigkeit der Darstellungen dieser Form der Selbstopferung in der Mayakunst und die vielen archäologischen Funde von Rochenstacheln und Obsidianlanzetten zusammen mit Muschelgefäßen mit braunen Flecken scheinen dies zu bestätigen.

Dies gilt auch für Diego de Landas Bemerkungen zum Thema: »Sie brachten ihr eigenes Blut als Opfer dar, zerkratzten sich manchmal rundherum. … Manchmal opfern sie bestimmte Körperteile, manchmal durchstechen sie sich die Zunge in schräger Richtung von einer Seite zur anderen und stecken unter gräßlichem Leiden Grasblätter durch die Löcher; andere schlitzen sich das männliche Glied auf.«

Selbst die Götter taten das. Auf einem einzigartigen bemalten Gefäß, das jetzt in Philadelphias University Museum aufbewahrt wird, erkannte David Joralemon als erster die tiefe Bedeutung des rituellen Blutopfers in der Darstellung des Instruments des Blutopfers, das eine eigenständige Gottheit ist. Diese Gottesgestalt erscheint als

Wesen mit quadratischen Augen, dessen Kopfputz drei übereinanderliegende Querbinderknoten aufweist – eines der wichtigsten Kennzeichen für die Blutopfer der Maya –, und der statt eines Unterkiefers eine nadelscharfe Spitze hat. Über den Geräten sieht man sechs Wesen mit göttlichen Merkmalen, darunter den Sonnengott und die Stirnband-Zwillinge, niemand anderen als die Göttlichen Zwillinge des »Popol Vuh«.

Irgendwo in Zeit und Raum der Mythologie versammeln sie sich alle auf dem Boden oder über Tontellern voller Weihrauchstäbchen, die göttlichen Instrumente auf ihre empfindlichsten Körperteile gerichtet, bereit für das rituelle Ereignis.

Mit dem Vergießen von Blut – entweder dem eigenen oder dem von Gefangenen aus rituellen Kriegen – feierten die Mayakönige und ihre Familien die Thronbesteigung, wichtige Koinzidenzen im Lauf der Kalenderzyklen, die Weihe von Tempeln und anderen Bauten, die als architektonische Symbole ihrer Macht und ihrer Einheit mit dem Kosmos und der übernatürlichen Welt dienten.

Die vielleicht höchste Verkörperung der alten Mayariten ist der Heilige Cenote, der berühmte Opferbrunnen in Chichén Itzá in Yucatán. Dieser große Sickerbrunnen hat einen mittleren Durchmesser von knapp 60 Metern, und seine senkrechten, mit Ranken und Gestrüpp bedeckten Wände reichen etwa 21 Meter durch porösen Kalkstein hinab bis an die Wasseroberfläche. Das fast stehende Wasser ist grün von Algen und am Rand nur ein, zwei Meter tief; in der Mitte erreicht es rund 12 Meter.

»In diesen Brunnen«, schrieb Landa, »werfen und warfen sie schon damals nach altem Brauch Menschen lebendig als Opfer für die Götter, wenn Dürre herrschte, und sie glaubten, sie stürben nicht, obwohl sie sie nie wiedersahen. Sie warfen auch sehr viele andere Dinge hinein, Edelsteine und Dinge, die ihnen wertvoll waren.«

In fast einem Jahrhundert sporadischer Tauchgänge und Grabungen wurden viele tausend Gegenstände aus dem Brunnen gehoben, darunter Kunst- und Ziergegenstände aus Holz, Metall, Muscheln, Ton und Jade. Sie scheinen alle wichtigen Epochen der Maya zu umspannen, und die Taucher haben Skelettreste gefunden, die Landas Erzählung bestätigen. Die meisten sind die von Kindern, die wahrscheinlich dem Regengott geopfert wurden. Denn Kinder wurden im Denken der Maya anscheinend oft mit Regen assoziiert – wie die Jungen des Chors in der Balankanche-Höhle.

Die Balankanche-Höhle, wo die Zeremonie 1959 stattfand, liegt 3 Kilometer vom Heiligen Cenote entfernt, und der durchlässige Kalkstein zwischen den beiden Orten gibt beiden Zugang zur gleichen Grundwasserschicht. Immer, wenn ich am Cenote in Chichén Itzá stehe, erfüllen mich Bilder beider Orte und erinnern mich an die Verbindung von Ritual und Religion, die die Welt der Maya über riesige Entfernungen von Raum und Zeit einen.

*König Schild-Jaguar von Yaxchilán hält eine Fackel, während seine Hauptfrau, Herrin Xoc, sich in einem Blutopferritual ein dornenbesetztes Seil durch die Zunge zieht.*



Justin Ker

Kenneth Garrett; Richard Alexander Cooke III. (rechts)

*Das innere Tor von Tempel 22 in Copán (links) wird von einem Hochrelief umrahmt, das aus rätselhaften und geheimnisvollen Gestalten, Menschen, Tieren und Schlangen besteht. Es erhebt sich über Totenschädeln, die vermutlich den Todesgott Ah Puch darstellen. Rituelle Blutopfer wurden hier vom König vollzogen und ernährten die Götter, die den Menschen dafür reiche Ernten schenkten. In solchen Ritualen wurden stachlige Austernschalen und die Stacheln von Rochen und Seeigeln benutzt. Die Abbildung auf dieser Seite zeigt Opfergaben, die unter einem Altar am Fuß der Hieroglyphentreppe vergraben wurden; König Rauch-Schale brachte sie um 750 n. Chr. zur Weihe der Treppe dar. Die Schale enthält rote Pigmente und Reste von Weihrauch, der während des Rituals abgebrannt wurde.*

*Mit Handschuhen, um zerbrechliche Funde zu schützen, heben die Archäologen Robert Sharer und Loa Traxler ein polychromes Gefäß aus einem Königsgrab, das im Sommer 1992 in Copán ausgegraben wurde. Fachleute glauben, daß in dem Grab ein wenig bekannter König der Copán-Dynastie lag. Rechts: Die polychromen Gefäße sind wahrscheinlich aus heimischer Herstellung, doch sie reflektieren einen Töpferstil von Teotihuacan, der Stadt in Zentralmexiko, deren Einfluß sich über das gesamte frühklassische Mesoamerika erstreckte. Zwei Töpfe sind mit Farbe dekoriert; ihre Deckel tragen menschliche Köpfe. Die drei mittleren zeigen heilige Muster, deren Verwendung weit verbreitet war; die anderen beiden sind mit Glyphen im Copán-Stil bemalt.*

Kenneth Garrett (beide)

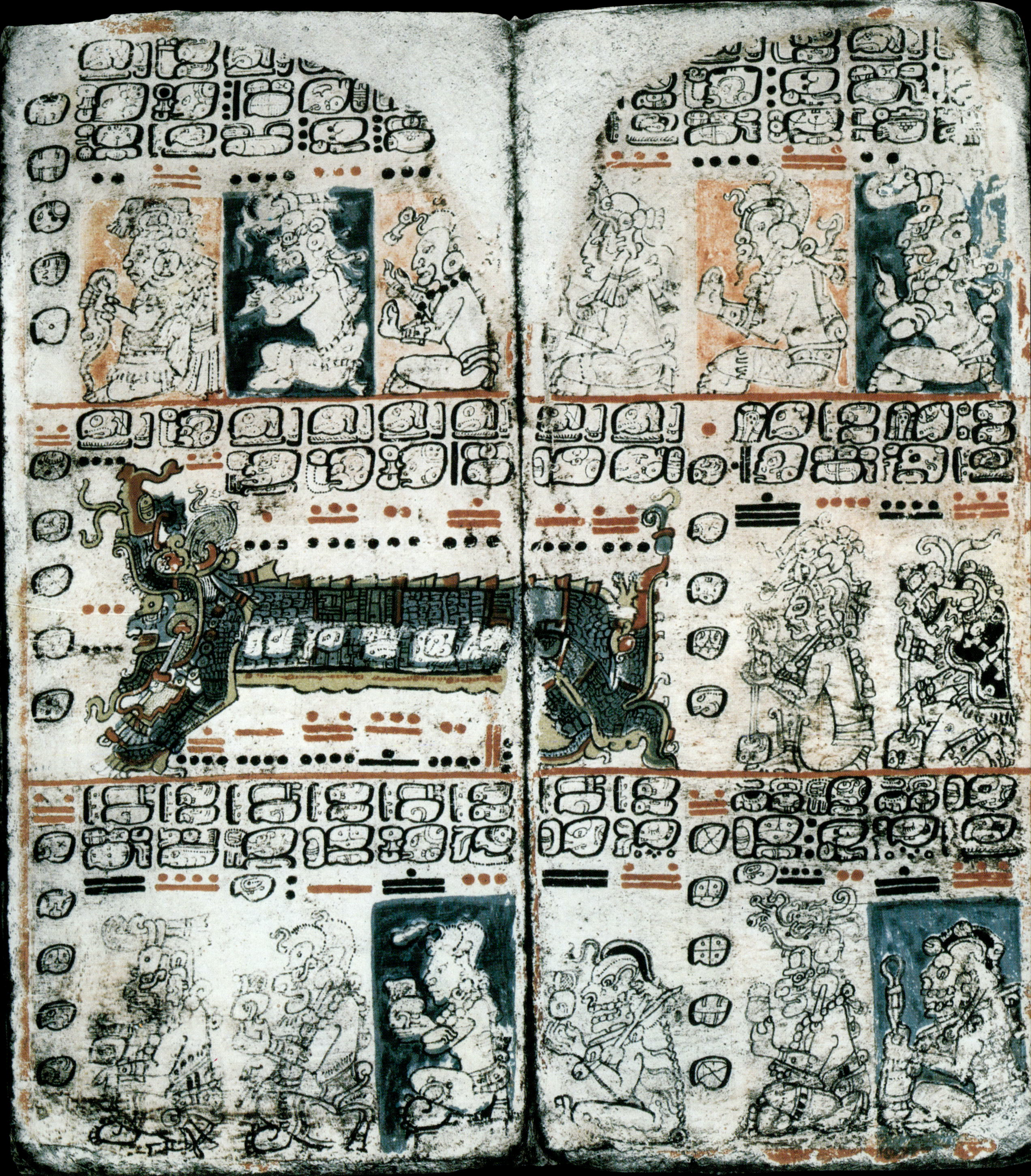

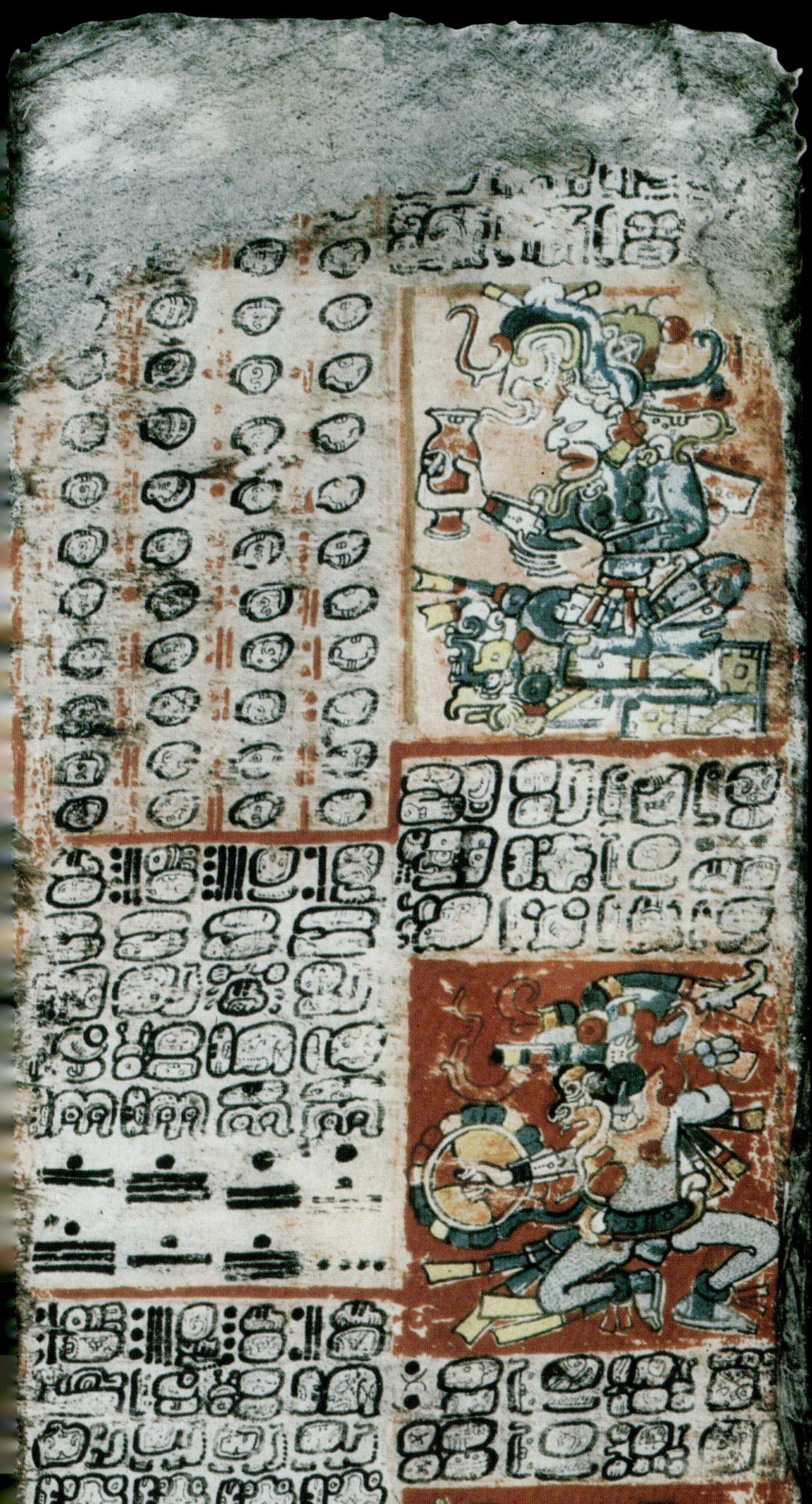

*Nur vier Mayabücher (Codices) sind erhalten geblieben. Sie bestehen aus Feigenrinde, auf die eine dünne Kalkschicht aufgetragen wurde. Mit Farbe wurden sie bemalt und danach zusammengefaltet. Der Dresdener Codex (links) enthält astronomische Daten des göttlichen Planeten Venus. Sitzende Götter repräsentieren verschiedene Aspekte der Venus. Die Bewegung des Planeten signalisierte die Zeiten für rituelle Kriege. Itzamna, der höchste Gott im Mayapantheon, kommt aus dem Rachen des Erdkaimans hervor. Die Maya der Klassik und Nachklassik verehrten ihn als Himmelsgott. Unten: Ein alter Gott, ebenfalls aus dem Dresdener Codex nähert sich bei einem Neujahrsritus einem heiligen Baum und Schalen mit Nahrung. Er hält mit einer Hand einen enthaupteten Truthahn und wirft mit der anderen Harz in ein Weihrauchgefäß.*

NGS Photographic Services (beide)

Richard H. Stewart; James Nachtwey/Magnum (rechts und folgende Doppelseite)

*Kerzen erhellen die Unterwelt in der Balankanche-Höhle bei Chichén Itzá. Sie flackern vor einer natürlichen Formation, die dem heiligen Weltbaum der Maya ähnelt. In einer zweitägigen Zeremonie reinigten Mayagebete und katholische Gebete die Höhle und brachten Regen, wie der Priester behauptete. Rechts: An einem modernen Schrein bei Chichicastenango in Guatemala besänftigt der Mayapriester Tomás Canil Marroquín zeremoniell eine alte Gottheit, indem er Zuckerrohrschnaps über dessen aufwärts gewandte Steinlippen gießt. Die Maya glauben, daß solche Steingötter die Menschen gewalttätig werden lassen, wenn sie nicht hin und wieder Schnaps bekommen.*

FOLGENDE DOPPELSEITE: *Canil segnet ein rituelles Feuer und einen Hochlandschrein, während seine Frau Sebastiana Mejía Ventura einen zum Opfer ausersehenen Hahn hält. Viele moderne Maya ehren den Glauben ihrer Ahnen; sie huldigen noch immer den Naturgottheiten und verehren heilige Landschaften.*

## Religion und Ritual:
# *Das Ballspiel*

Am 21. Oktober 744, als erste wichtige Handlung nach dem Tod seines Vaters, spielte Vogel-Jaguar, der Sohn von Schild-Jaguar von Yaxchilán und Herrin Abendstern von Calakmul, später König von Yaxchilán, ein Ballspiel. Linda Schele und David Freidel erzählen die Geschichte. Sie haben Text und Bilder auf einer Stufe von Bau 33 interpretiert, das »einen Gefangenen darstellte, zu einem Ball zusammengebunden, der eine Hieroglyphentreppe hinunter sprang, auf einen knienden Spieler zu«.

Die Skulpturen aus der Klassik, die dieses schaurige Ereignis zeigen – und ähnliche mit Vogel-Jaguars verehrtem Vater und Großvater –, betonen die rituelle und politische Bedeutung des Ballspiels in Mesoamerika, wo es in verschiedenen Versionen von der frühen Vorklassik bis heute gespielt worden ist.

Das Ballspiel wurde mit einem großen, schweren Kautschukball, wie hier auf einem spätklassischen Gefäß zu sehen, auf eigens dafür angelegten Plätzen gespielt. Die Längsseiten des Spielfelds flankieren Mauern, an denen, bei spät- und nachklassischen Plätzen besonders im Norden, je ein steinerner Ring angebracht war. Ziel des Spiels war es wohl, den Ball durch den Ring zu werfen. Der Ball durfte anscheinend nicht mit den Händen berührt werden und nicht zu Boden fallen; das Spiel erforderte besondere Schutzkleidung.

Das Ballspiel war eher Ritual als Sport; es war der wichtigste Hintergrund für die Göttlichen Zwillinge des »Popol Vuh«, die Sonne und den Mond, und ihre epische Reise des Überlebens durch die Unterwelt – die letztgültige Metapher, die die Bewegungen der Himmelskörper mit dem Konflikt zwischen Gut und Böse verband. Selbst der Standort der Ballspielplätze im rituellen Innenraum der Städte sowie die Bauten, die sie umgeben, unterstreichen ihre Rolle als Grenzorte zwischen Erde und

Unterwelt. Auf der Längsachse des Ballspielplatzes von Copán zum Beispiel liegen drei Reliefs in gleichem Abstand zueinander. Jeder zeigt Hunahpú, einen der Zwillinge, im Kampf mit dem Herrn des Todes in dem besonderen Rahmen, der gewöhnlich den Eingang zur Unterwelt darstellte. »Das eigentliche Spielgelände«, schreiben Schele und Freidel, »war wie ein Boot mit Glasboden, dessen durchsichtige Fenster in das Unterwasserreich Xibalbá blicken ließen.«

»Das klassische Maya-Ballspiel«, schließen sie, »stellte höchstwahrscheinlich eine heroische Erweiterung von Kinderspielen und Mannschaftsspielen dar, die das gewöhnliche Volk auf dem offenen Feld spielte, bei denen die Bauern im Wettkampf die Solidarität stärkten, die für ihr langfristiges Überleben nötig war. Es war korrelativ zum tödlichen Spiel des Krieges, bei dem Adlige einander bekämpften, um menschliche Seelen zu fangen.«

Justin Kerr

Die visuell angenehme und gleichzeitig informative Schrift der Maya beruhte auf Bildern. Hier hält die Mondgöttin ein Kaninchen – sein Bild sahen die Maya statt unseres bekannten Mannes im Mond. Ein Mondsymbol krümmt sich zu seiner Rechten. Zusammen bedeuten die Bilder »Mond«. Rechts: Ein alter Schreiber mit Pinsel in der Hand und weiteren am Kopfputz.

*Folgende Doppelseite: Eine Spalte von Glyphen trennt zwei Bilder des Königs Achtzehn Kaninchen von Copán. Solche Inschriften sind Quellen der Geschichte.*

Kenneth Garrett; Justin Kerr (rechts); Kenneth Garrett (folgende Doppelseite)

# Den Code entziffern

*George E. Stuart*

Die Formen ihrer Buchstaben sind ganz andere als unsere«, kommentierte ein Historiker des 16. Jahrhunderts, als er ein Mayabuch mit Hieroglyphen sah; »sie sind viel krummer und krauser, wie Haken, Knoten, Schlingen, Sterne, Würfel, Rollen und dergleichen.« Als Relief können die Hieroglyphen der Maya ebenso seltsam wirken: Ein Betrachter meinte kürzlich, sie sähen aus wie »Biskuits«, ein anderer, wie »pralle Kissen aus Stein«. Wie sie auch aussehen mag – die Mayaschrift ist die am höchsten entwickelte des präkolumbischen Amerika. Und bis vor etwa 40 Jahren war sie eines der rätselhaftesten Systeme der Welt.

Der Fortschritt beim »Entziffern des Mayacode«, wie Michael Coe sagt, erfolgte in vier grundlegenden, miteinander verbundenen Phasen. Die erste war zwischen 1880 und 1910, als deutsche Gelehrte, vor allem Ernst Förstemann, der Leiter der kurfürstlichen Bibliothek in Dresden, das unglaublich komplizierte System des Mayakalenders entschlüsselten. In der zweiten leistete der russische Gelehrte Juri Knorosow in den frühen fünfziger Jahren dieses Jahrhunderts Pionierarbeit, indem er nichtkalenderbezogene Texte entzifferte; durch Pater de Landas alten Bericht über Yucatán war ihm klargeworden, daß das Hieroglyphensystem der Maya eine Mischung aus Wörtern und Silben war, die strengen lautlichen und sprachlichen Regeln unterlag. Die dritte Phase der Entzifferung begann 1960, als Tatjana Proskouriakoff den historischen Inhalt der Mayatexte in Piedras Nigras aufdeckte. An der vierten großen Phase, die mit der Tafelrunde der Forscher in Palenque 1973 begann, beteiligten sich dann auch Linguisten, allen voran Floyd Lounsbury von Yale.

In den letzten zwanzig Jahren engagierten sich Wissenschaftler verschiedener Disziplinen, von der Anthropologie bis zur Kunstgeschichte, und die Summe der Entdeckungen ist nach wie vor erstaunlich. Wie wir heute wissen, lag der Schlüssel von Anfang an in Landas Bericht und den rund 30 Mayasprachen, die heute noch gesprochen werden.

Aus den lebenden Sprachen und aus den Wörterbüchern älterer Varianten aus der Kolonialzeit haben Terrence S. Kaufman von der University of Pittsburgh, William N. Norman und andere Linguisten die Vokabulare der Sprachen rekonstruiert, die in der Klassik gesprochen wurden. Mit ihnen, mit den von Juri Knorosow formulierten Prinzipien und in dem Wissen, daß oft Daten im Text erscheinen, können wir beginnen, den Sinn und die Subtilität in den erhaltenen Werken der alten Schreiber zu erfassen.

Schätzungsweise 5000 bekannte Mayatexte verschiedener Länge stehen in Stein gemeißelt oder gemalt auf Stelen und Altären, Tongefäßen, Schmuckstücken, Wänden und Türbogen, Buchseiten und in Höhlen und Gräbern. Für diese Texte hatten die Mayaschreiber etwa 800 verschiedene hieroglyphische Zeichen, die 1962 von Sir Eric Thompson katalogisiert wurden. Jedes konnte in einfacher Form oder in komplexeren Versionen erscheinen, etwa als Kopfprofil oder sogar als Körper von Menschen, Tieren oder Göttern. Diese standen für Wörter oder Silben oder als ergänzende Elemente zur Klärung der Bedeutung. Mit solchen Symbolen konnten die Schreiber jedes Wort und jeden Laut in ihrer Sprache wiedergeben – Zahlen und Zeiten, königliche Namen und Titel, Verwandtschaftsgrade und Ereignisse sowie die Namen von Göttern, Schreibern, Bildhauern, Gegenständen, Gebäuden, Orten und sogar Nahrungsmitteln – und sie taten es mit blendender Virtuosität.

In ihrem System konnte das Wort Pacal (Schild) entweder mit dem Bild eines Schildes geschrieben werden oder mit den Silbenzeichen pa-ca-la, wobei der »stumme« Vokal am Ende wegfallen konnte. Indem sie beide Versionen nebeneinandersetzen, ließen die Schreiber absolut keinen Zweifel, was das Wort bedeutete. Wenn der Schreiber tiefer in seine Trickkiste griff, konnte er eine oder mehrere Silben in Form ihrer Hauptvariante schreiben oder, wenn der Platz knapp war, die wesentlichen Details zweier Zeichen zu einem zusammenfassen.

Oft konnten jedoch mehrere verschiedene Zeichen für dieselbe Sache stehen. Die Maya verwendeten mindestens 12 verschiedene Glyphen für den Laut u, das Possessivpronomen in der dritten Person oder ein phonetischer Bestandteil des Verbs uti »es geschah«. Und als wäre das nicht genug, um einen Schriftforscher zur Verzweiflung zu bringen, haben manche Glyphen mehrere verschiedene Bedeutungen. Das Zeichen für den Tag Cauac kann zum Beispiel, wenn es außerhalb des kalendarischen Kontexts steht, das Wort Tun werden, das einen Zeitraum von 360 Tagen bezeichnet, oder die Silbe ku in dem Wort ak(u), »Schildkröte«. Diese Praxis, die Linguisten Polyvalenz nennen, ähnelt unserem Gebrauch der Herzglyphe für Aufkleber: Im Kontext »I ❤ New York« ist das Zeichen als »love« zu lesen, auf Aufklebern mit »Yo ❤ El Salvador« bedeutet das gleiche Zeichen natürlich »amo«.

Die Schreiber würzten ihre Texte auch oft mit Wortspielen. Stephen Houston weist auf den Gebrauch von Homonymen in einer Inschrift hin, in der vier Punkte, die Zahl vier, (ausgesprochen kan) das Zeichen für »Himmel« oder »Schlange« ersetzen (ebenfalls kan ausgesprochen): eine Art Wortspiel, die mit unserem »Gib 8« vergleichbar ist.

Welche Wörter oder Silben die Schreiber auch schrieben, sie gruppierten sie in die bekannten, sanft gerundeten Blöcke, die für alte Mayatexte typisch sind. Je nach der Komplexität der Elemente, dem verfügbaren Platz oder reiner Laune verteilten sie Zeichen unter benachbarten Glyphenblöcken oder preßten sie auf einem zusammen, wobei sie kompliziertere Aussagen sorgfältig in der richtigen grammatischen Ordnung hielten: Verb, Objekt, Subjekt. Sie stellten die Blöcke in Reihen und Spalten, L-förmig, spiralig oder sogar im Muster geflochtener Matten zu ganzen Texten zusammen. Sie sind unterschiedlichen Inhalts, vom einfachen Namensschild auf Schmuckstücken bis zu grandiosen Verkündungen über Leben und Taten von Herrschern inmitten eines Rahmens von Daten, und sie haben uns viel über den Adel der alten Maya und seine Belange gelehrt.

Anhand der Arbeit von Tatjana Proskouriakoff haben Forscher die Königsdynastien vieler klassischer Stadtstaaten rekonstruiert. Dadurch können wir heute mit solcher Leichtigkeit über Herrscher wie den großen Schild-Jaguar von Yaxchilán sprechen, der ein so hohes Alter erreichte, oder seinen Sohn Vogel-Jaguar, der offenbar stolz auf seinen schwerverdienten Titel »Der mit den 20 Gefangenen« war.

Aufbauend auf der Erkenntnis Heinrich Berlins, der 1958 die sogenannten Emblemglyphen als mögliche Zeichen für die Namen von Stadtstaaten und die dazugehörigen Daten bezeichnete, sprach Joyce Marcus von der University of Michigan von einer Art Hierarchie großer und kleiner Städte im Maya-Tiefland der Klassik. Mit Hilfe der Emblemglyphen und eines anderen hieroglyphischen Titels, der etwa »dem Herrscher Sowieso untergeordnet« bedeutet, entwickelte Peter Mathews von der University of Calgary eine Reihe von Karten des Tieflandes mit politischen Grenzen – und diese haben sich offenbar ganz ähnlich wie unsere heutigen mit der Zeit erweitert und verengt, je nach dem Erfolg von Handel und Krieg.

Durch die Arbeit von Christopher Jones vom University Museum in Philadelphia können wir die Laufbahn von Ah Cacao verfolgen, dem »Heiligen Herrn des Staates Tikal«, der in 20 Jahren vom gehemmten Zelebranten eines Kalenderritus zu einem selbstbewußten Kriegerkönig wurde. Dank Linda Schele und David Freidel können wir die Ungeduld Kan Xuls II. von Palenque nachempfinden, bis der Tod seines Bruders ihn als »Herrn« auf den Thron brachte.

Solche Rekonstruktionen sind natürlich spekulativ, aber dennoch wertvoll, denn sie dienen dazu, die alten Maya auf plausible Weise lebendig zu machen. Bei der Geschichte der Prinzessin steigt der Reiz, weil wir aus den Texten wissen, was sie damals nicht wußte: daß ihr künftiger Sohn Rauch-Eichhörnchen eines Tages die Größe der Dynastie von Naranjo wiederherstellen sollte.

Leider sprechen die bisher entzifferten Mayatexte nicht von wichtigen Dingen, die wir sehr gern aus erster Hand wüßten – von Handel, Baumaterialien, landwirtschaftlichen Produkten. Kurz, was wir haben, sind fast ausschließlich Berichte der Elite. Wie eine Forscherin es ausdrückt: »Aus solchen Informationen eine Vorstellung von der Mayagesellschaft zu bekommen, ist, als wollte man die englische Gesellschaft des 19. Jahrhunderts rekonstruieren, indem man die Grabplatten in der Westminster Abbey analysiert.«

Obendrein muß der Inhalt der erhaltenen Hieroglyphentexte mit anderen Belegen abgeglichen werden. Angesichts der Quelle der Texte und der generellen Tendenz des Schreibens zum Eigeninteresse ist Vorsicht geboten. »Nicht einmal die Glyphen ›sprechen für sich‹ «, warnt William A. Haviland von der University of Vermont, »und wir müssen ihre Aussagen anhand der archäologischen Befunde überprüfen.«

David Stuart schreibt: »Für mich beruht die Fähigkeit, einen Text zu verstehen, auf präziser phonetischer Transkription und vernünftiger Vorsicht bei der Übersetzung der Bedeutung alter Mayaworte. Unter solchen Voraussetzungen würde ich großzügig schätzen, daß nur rund 50 Prozent der klassischen Inschriften buchstäblich ›lesbar‹ sind.«

*Mayapuzzle: Archäologen bauen die massive Hieroglyphentreppe in Copán wieder auf, deren Steine im Lauf der Jahrhunderte arg durcheinandergeraten sind.*

Kenneth Garrett; Justin Kerr (rechts)

*Pancho, ein Klammeraffe, der die Ruinen von Copán bewohnt, schlendert an einer kleinen Pyramide entlang. Götter in Affengestalt dienten als Patrone der Schreiber und Künstler, deren Berufe von den größten Herren geehrt wurden. Auf einer bemalten Schale aus Tikal rühmt sich ein hoher Amtsträger, daß seine beiden Eltern Schreiber waren. Die Maya glaubten, ihr höchster Gott Itzamna habe die Schrift erfunden, und offenbar blieb die heilige Kunst wenigen Privilegierten vorbehalten, die ausschließlich der Elite angehörten. Auf einem bemalten Gefäß (Ausschnitt unten) schreibt ein Zwillingspaar von Affengöttern einen Codex.*

Kenneth Garrett (beide)

*Auf einem behelfsmäßigen Gerüst aus Balken, Ästen und Seilen sitzt David Stuart hoch über dem Corte oder Schnitt, wo der Río Copán am östlichen Teil der Akropolis einen Bergrutsch verursacht hat. David zeichnet eine Inschrift ab, die 1992 an einem Altar aus einer der zerstörten Bauten entdeckt wurde. Die Schriften der Maya allein können nicht alle Geheimnisse ihrer Zivilisation offenbaren. Gestützt auf Fotografien des 19. Jahrhunderts, schriftliche Berichte über archäologische Expeditionen, herabgefallene Skulpturen und den »Popol Vuh« kam die Malerin Barbara Fash zu dem Schluß, daß hier ein inzwischen verfallenes Gebäude mit Fledermausmotiven das schreckliche mythische Fledermaushaus der Mayaunterwelt repräsentierte. Vielleicht wurden dort Gefangene gehalten, die geopfert werden sollten. Unten: Barbara, David und die Arbeiter Santos Rosa (links) und Francisco Canán setzen Blöcke aus Texten und Skulpturen aus dem Inneren eines Tempels zusammen, der einst oben auf der Hieroglyphentreppe stand.*

Otis Imboden (unten und rechts)

NGS-Fotograf George F. Mobley

*Auf verschiedenen Materialien und auf verschiedene Weise geschrieben, erzählen Mayatexte von den Belangen der Elite. Links: Der Teil eines seltenen, auf 695 datierten hölzernen Türsturzes stammt vom Grabdenkmal des Königs Ah Cacao von Tikal und spricht von seiner Mutter. Oben: Eine gemalte Glyphe an einem Topf bezeichnet den Zweck des Gefäßes in Silbenschrift: Kamm (ca), Fisch (ebenfalls ca) und das untere Symbol wa ergeben zusammen Cacawa oder Kakao. Rechts: Auf einem steinernen Türsturz aus Yaxchilán werden für ein Datum in der sogenannten Langen Zählung Glyphen von Ganzfiguren als Zeiträume und Köpfe als Zahlen verwendet. Der Affe in der Mitte rechts, Symbol für einen einzigen Tag, hält den Kopf für die Zahl 6; der Schädel darunter bedeutet 10, so daß sich 16 ergibt. Multipliziert mit dem einen Tag bedeutet die Glyphe »16 Tage«. Alle Glyphen zusammen bezeichnen das Datum 11. Februar 526 v. Chr.*

National-Geographic-Fotograf George F. Mobley; Chip und Jennifer Clark (rechts oben)

*Die anmutige Kunst klassischer Mayaschreiber ist in ihrer Kalligraphie erhalten. Die Beispiele in der Höhle von Naj Tunich (oben) und in einem Grab am Río Azul (links), beide in Guatemala, wurden im Abstand von 300 Jahren ausgeführt. Die 1200 Jahre alten Glyphen von Naj Tunich, in Kohle mit öliger Basis, sind noch nicht entziffert. Nur acht Jahre nach ihrer Entdeckung 1980 und nachdem dieses Foto entstand, war die empfindliche Inschrift durch Vandalismus praktisch zerstört. Götter und Symbole, mit kräftigen Strichen in der Frühklassik gemalt, flankieren eine Inschrift auf der hinteren Wand des 1500 Jahre alten Grabes von Río Azul, das 1984 entdeckt wurde. Die Glyphen nennen das Geburtsdatum eines unbekannten Herrschers, den 29. September 417.*

## Den Code entziffern: *Kaninchengeschichte*

*David Stuart*

Überall in den königlichen Gräbern des Tieflands werden sie ausgegraben: reich verzierte und beschriebene Trinkbecher, die einzigartige Einblicke in Gedanken und Religion der alten Maya bieten. Ein Gefäß, bemalt von einem ungenannten Meister des 8. Jahrhunderts, trägt das Namensschild des Königs Rauch-Eichhörnchen von Naranjo in Guatemala sowie die Hieroglyphen für seinen beabsichtigten Inhalt – Kakao.

Die hier abgebildete Bemalung auf der Außenseite des Gefäßes zeigt Fragmente einer mythischen Erzählung. Viele bemalte und geschnitzte Gefäße der Klassik illustrieren Szenen aus dem »Popol Vuh«, doch dieses erzählt einen zuvor unbekannten Mythos.

Eingerahmt von Spalten noch nicht entzifferter Hieroglyphen illustrieren die beiden Szenen eine Geschichte mit einem Kaninchen – das möglicherweise den Mond darstellt –, dem Sonnengott und dem so bezeichneten Gott L. Links nähert sich der nackte Gott L dem Kaninchen, das auf dem Kopf eines Berggeistes steht. In einer ausgestreckten Hand zeigt das Kaninchen den gebogenen Stab und den Hut mit dem »Muanvogel« des Gottes L, und das über seine Schulter drapierte Lendentuch gehört wahrscheinlich auch zur traditionellen Ausrüstung des Gottes L. Über dem Kopf des Kaninchens steigen Hieroglyphen wie in einem Cartoon in zarter Linie von seinem Mund auf: Es sind gesprochene Worte. Leider sind nur sehr wenige Glyphen enträtselt.

Zum Glück kann mehr vom Dialog der nächsten Szene übersetzt werden. Hier kniet Gott L, nun bekleidet, vor dem königlichen Sonnengott, nennt das Kaninchen beim Namen und sagt: »Er

nahm meine Kleider und meinen Tribut« – ein seltener Gebrauch der ersten Person. In seiner Antwort erwähnt der Sonnengott das Kaninchen, aber weiter ist bisher noch nichts entschlüsselt.

Was war die Geschichte hinter dieser Episode? Während die Forscher noch versuchen, die übrigen Hieroglyphen zu entziffern, ergibt sich eine mögliche Erzählung: Der Sonnengott war der oberste Herr des Himmels und Vorbild der Mayakönige. Wie ein Mayakönig erhielt er wahrscheinlich Tribut von anderen Gottheiten, die sein himmlisches Reich bewohnten. Gott L war vielleicht unterwegs, um seinem Herrn, der Sonne, den Tribut zu bringen, als er vom trickreichen Mond beraubt wurde und ohne seine Kleider und seine Ladung zurückblieb. Wie es ihm erging, als er dem Sonnengott seine Situation erklärte, bleibt ein Rätsel.

Justin Kerr

Stelen auf einem Platz in Copán; der Pyramidenstumpf diente wahrscheinlich Neujahrszeremonien. Immer in Harmonie mit den Himmelskörpern und dem Vergehen der Zeit errichteten die Maya Gebäude, um astronomische Bewegungen und wichtige Daten zu beobachten. Rechts: Das scharfe Auge eines Astronomen erfaßt mit seinem Blick einen Stern am Himmel.

FOLGENDE DOPPELSEITE: *Regenspendende Himmelsschlangen winden sich hinter Göttern und Reihen von Glyphen im Madrider Codex, der die geeigneten Daten für Zeremonien angibt.*

Richard Alexander Cooke III.; NGS Photographic Services (rechts); Otis Imboden und NGS-Fotograf Victor R. Boswell (folgende Doppelseite)

# Der Kalender

George E. Stuart

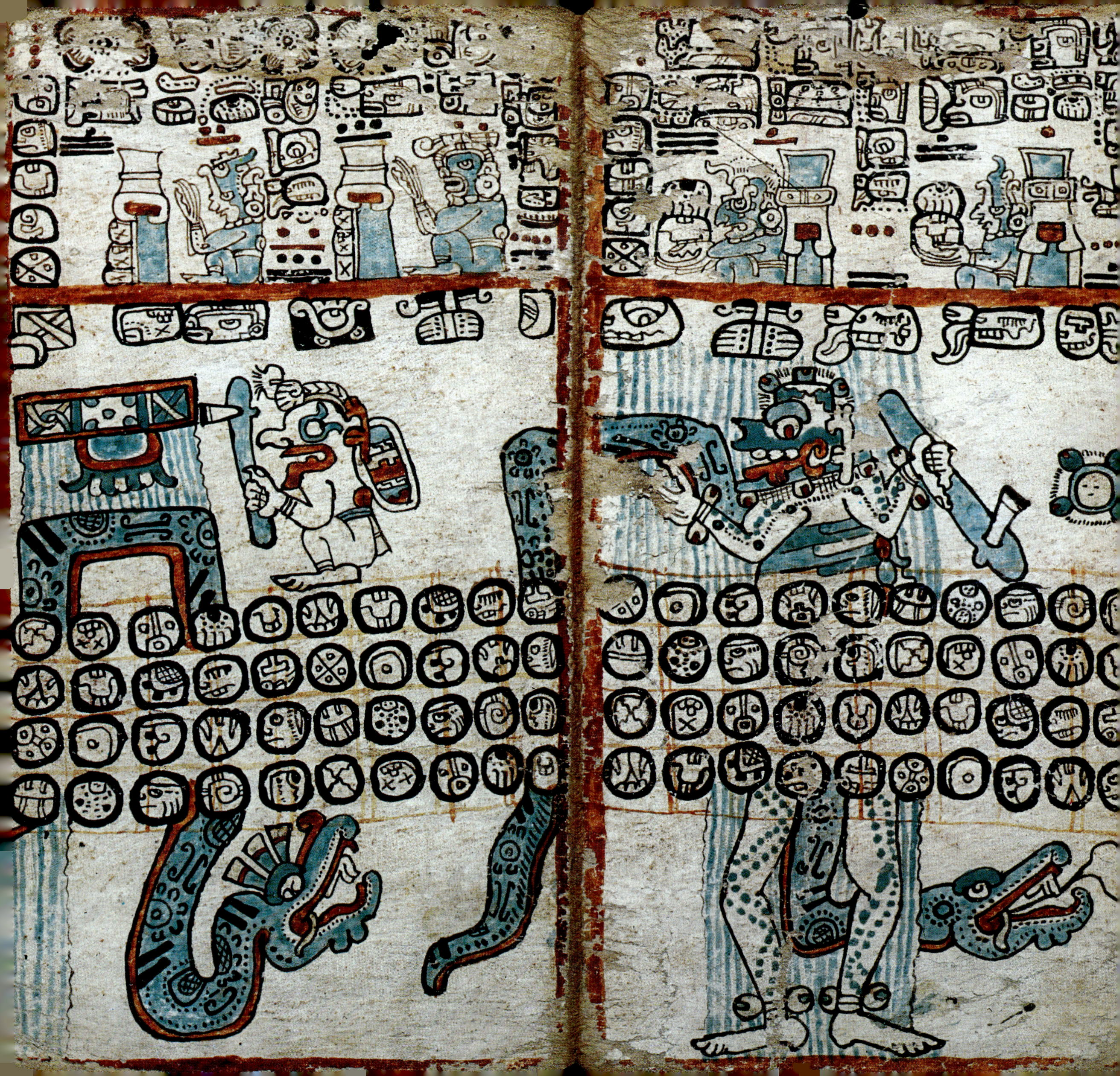

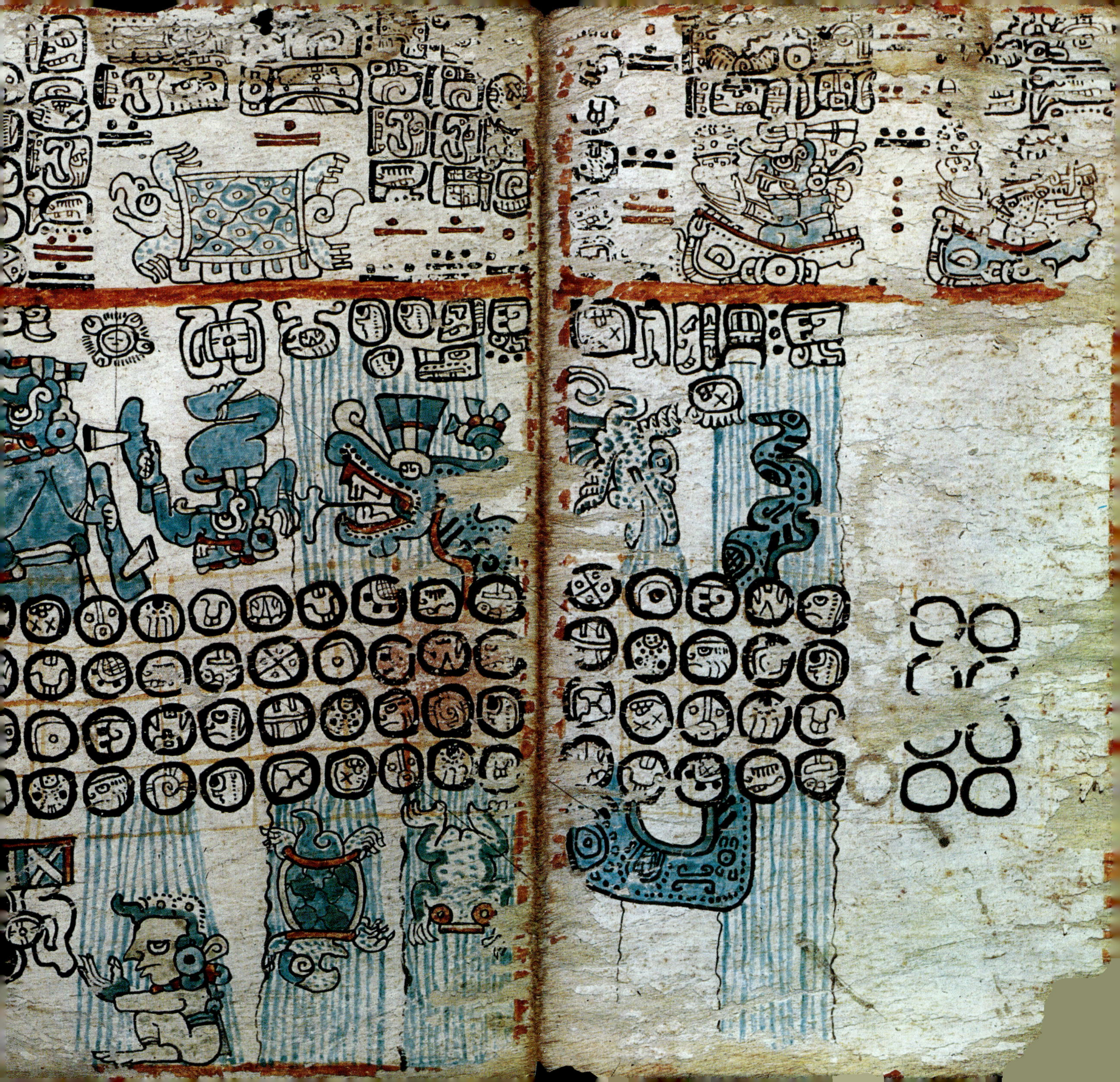

Sie zählen in Fünfern bis zwanzig«, berichtet Diego de Landa über die Maya von Yucatán, »und in Zwanzigern bis hundert und in Hundertern bis vierhundert und in Vierhundertern bis achttausend; und sie benutzten diese Zählweise sehr oft im Kakaohandel. Sie haben andere, sehr lange Zählweisen und dehnen diese in infinitum aus; sie zählen die Zahl 8000 zwanzigmal, das ergibt 160 000; dann wieder diese 160 000 zwanzigmal und so fort multipliziert mit 20, bis sie eine Zahl erreichen, die nicht gezählt werden kann.«

So erkannte Landa einen grundlegenden Unterschied in der Art, wie die Maya zählten. Er war – wie wir heute noch – an ein Zahlensystem gewöhnt, das auf der Anzahl der Finger und auf Zehnern beruht. Die Maya hingegen benutzten Finger und Zehen, den ganzen Menschen, und zählten in Zwanzigern. Diese Beziehung spiegelt sich in der gemeinsamen Wurzel des Mayawortes Uinic für »Mensch« und Uinal für eine Kalenderperiode von 20 Tagen. Statt des uns geläufigen Dezimalsystems benutzte sie ein Vigesimalsystem. Die Verknüpfung von Menschen und Zahlen ist vielleicht am deutlichsten in dem System, das die Maya verwendeten, um die Tage ihres Lebens zu zählen. Für sie war der Kalender fast etwas Lebendiges; ohne Ende bewegten sich die Zahlen und Perioden in mathematischer Präzision durch die Ewigkeit.

Der Mayakalender war eine verfeinerte Version des von ihren mesoamerikanischen Vorfahren ererbten Kalenders. Er beruhte auf der Verschränkung zweier Zyklen – dem sogenannten magischen Kalender von 260 Tagen (Ritualjahr) und dem Sonnenkalender von 365 Tagen (Sonnenjahr). Der magische Kalender bestand aus 13 Monaten zu je 20 Tagen; jeder Tag wurde mit einer Zahl zwischen 1 und 13 sowie einem der zwanzig Tagesnamen bezeichnet. Der Sonnenkalender entsprach recht genau unserem heutigen Sonnenjahr, aber ohne die Stunden, die bei uns Schaltjahre nötig machen: diese Korrektur kannten die Maya nicht. Der Sonnenkalender hatte 18 Monate zu je 20 Tagen und einen zusätzlichen Monat (Uayeb) mit 5 Tagen am Ende des Jahres, die bei den Maya als Unglückstage galten. Die Tage wurden von 0 bis 19 gezählt, und in Verbindung mit einem der 18 Monatsnamen konnte jeder Tag benannt werden.

Alle 18 980 Tage fiel der Beginn des Sonnenkalenders auf den gleichen Tag im magischen Kalender, nämlich nach 73 Jahren des magischen Kalenders (73 x 260 = 18 980) beziehungsweise nach 52 Jahren des Sonnenkalenders (52 x 365 = 1 980).

Mit dieser sogenannten Kalenderrunde von 52 Jahren konnte nun aber ein Zeitraum, der darüber hinausging, nicht gemessen werden. Um das Problem zu lösen, erfanden die Maya der Klassik ein einfaches und brillantes System der Zeitrechnung, die die Ewigkeit mit einer absoluten Chronologie zu zähmen vermochte und in der jedes Datum bestimmt werden konnte. Diese Art der Zeitberechnung nennt man Lange Zählung (»long count«).

Die Maya gaben bestimmten Zeiteinheiten, denen ebenfalls das Vigesimalsystem zugrundelag, einen Namen: Baktun für 144 000 Tage (400 Jahre), Katun für 7200 Tage (20 Jahre), Tun für 360 Tage (ein Jahr), Uinal für 20 Tage (ein Monat) und Kin für einen Tag. Mit einem numerischen Koeffizienten verbunden, bilden diese eine Reihe von

Produkten, deren Summe die Anzahl der Tage ergibt, die seit der Schöpfung der Welt vergangen waren – ein Zeitpunkt tief in der mythischen Zeit der Maya, datiert auf den 13. August 3114 v. Chr., den Beginn ihre Zeitrechnung. Die Maya bezeichneten diesen auch »Nulldatum« genannten Zeitpunkt mit dem Datum aus der Kalenderrunde als 4 Ahau 8 Cumhu.

Wenn also, wie Wilfried Westphal schreibt, die Stele 2 in Chiapa de Corzo das Datum 7.16.3.2.13 trägt, so besagt dies, daß seit dem Schöpfungstag 7 Baktun, 16 Katun, 3 Tun, 2 Uinal und 13 Kin, also 7 mal 400 Jahre, 16 mal 20 Jahre, 3 mal ein Jahr zu je 360 Tagen, 2 Monate zu je 20 Tagen und 13 Tage vergangen sind: 1 124 333 Tage oder 3077 Jahre. Ergänzt wurde dieses Langzeitdatum noch um die entsprechende Konstellation der Kalenderrunde, was eine genaue Datierung des Tages ermöglicht. Darüber hinaus dient diese Angabe heute auch der Kontrolle, denn, so Westphal, »der Name des genannten Tages mußte mit der Position übereinstimmen, die sich ergab, wenn man die Kalenderrunde über die Gesamtzahl der seit 4 Ahau 8 Cumhu akkumulierten Tage abrollen ließ«.

Es muß ihren Mathematikern kinderleicht vorgekommen sein, als König Pacal von Palenque befahl, das 80. Jubiläum seiner Thronbesteigung (den 29. Juli 615 nach unserem System) nach der Kalenderrunde hochzurechnen. Das Datum, entziffert von den Mayanisten Linda Schele und David Freidel aus einer Steintafel am Tempel der Inschriften in Palenque, wäre der 23. Oktober 4772.

Beginnend mit dem »Nulldatum« der Schöpfung in seiner fünfstelligen Notierung funktionierte die Lange Zählung für die Maya wie für uns als eine Art majestätischer Wegstreckenmesser der Zeit, der die Tage zählte, mit dem magischen Kalender und dem Sonnenkalender wie über Uhrwerke miteinander verschränkt. Seinem Takt paßten die Astronomen die Bewegungen der sichtbaren Planeten und Konstellationen und die Wiederkehr himmlischer Götter und Ahnen an.

Für mich wird die innige Beziehung zwischen Kalender und Kultur der Maya am anschaulichsten in den Zwillingspyramiden in Tikal. Es sind neun, und wie die Anlage des Großen Platzes sind sie ein Beispiel dafür, was Jones' Kollegin, die Archäologin Wendy Ashmore, als »Karten der richtigen Struktur des Kosmos« bezeichnet – besondere Bauten, die auf den Achsen der Himmelsrichtungen stehen und als Bühnen für öffentliche Rituale dienten. Am Anfang seiner Forschungen in Tikal tabellierte Christopher Jones die Daten in Langer Zählung, mit denen jedes Pyramidenpaar versehen ist. Diese enthielten ein Zahlenmuster, das zeigte, daß alle am Ende eines Katun gebaut und geweiht worden waren, der Periode von 20 Jahren, die in der Langen Zählung an zweiter Stelle steht. Für die Maya war der Katun eine ganz wichtige Periode. Sein Intervall – 7200 Tage oder fast 20 Sonnenjahre – machte es zur größten Einheit der Langen Zählung, die wenigstens einmal, vielleicht öfter, in einem Leben oder einer Regierungszeit wiederkehren konnte. Nach einer Abfolge von 13 Katun, also nach 93 600 Tagen oder etwa 256 Jahren, folgte wieder ein Katun gleichen Namens. Für die Maya begann wieder ein Zyklus, und ihrer Meinung nach begann sich auch die Geschichte zu wiederholen.

Worin die Anziehung des Katun auch lag – er markierte offenbar über tausend Jahre lang die wichtigen Abschnitte der Geschichte und Riten der Maya.

Hinweise auf solche Katun-Riten geben zwei Monumente, gefunden im Schutt eines Pyramidenpaars, das in der Antike für eine Neubebauung Tikals geschleift wurde. Altar 14 enthält das Datum 9.13.0.0.0 der Langen Zählung und das Datum der Kalenderrunde, auf das es fiel, den 8 Ahau 8 Uo, dazu den Namen des damaligen Königs Ah Cacao. Die riesige Glyphe für 8 Ahau in der Mitte oben am Altar läßt keinen Zweifel über ihre Bedeutung: Es ist der Name des Katun. Der Zelebrant, Ah Cacao selbst, erscheint auf der dazugehörigen Stele 30 in vollem rituellem Königsstaat.

Die Zeremonie für Katun 8 Ahau, die am 18. März 692 stattfand, muß ein Fest für die Augen gewesen sein, ein prachtvoller Aufzug, begleitet von den klagenden Tönen der Schneckenmuscheltrompeten und Holzhörner, dem Stakkato der Rasseln und Knochenratschen und der tiefen Kadenz der Holz- und Tontrommeln. Der König, reich gewandet mit einem Hüfttuch aus weißer Baumwolle, an dessen schwerem Gürtel Jadeplättchen und Muscheln hingen, trug einen massiven Halsschmuck aus golfballgroßen Jadekugeln, mit dem er später begraben wurde. Ah Cacao war groß für einen Maya, und er wirkte noch größer durch seinen komplizierten Kopfschmuck aus der bunt bemalten und kinnlosen Holzmaske eines Gottes, die mit Schmuckstücken und irisierend-grünen Quetzalfedern dekoriert war. Er trug einen Holzstab, verziert mit Muscheln und fein geschnitzten Gesichtern der Götter des Königtums.

Vor Tausenden von Zuschauern auf dem Platz schritten die Zelebranten, darunter Mitglieder der ranghöchsten Familien Tikals, von Station zu Station, um dort die jeweils vorgeschriebenen Gesänge und Rezitationen auszuführen, eingehüllt in den Rauch aromatischer Harze. Um 12 Uhr mittags, am Höhepunkt des Rituals, betrat Ah Cacao allein die Steinumfriedung an der Nordseite des Platzes, lehnte seinen Stab an die Wand und opferte mit angemessener Feierlichkeit mit einer Obsidianlanzette am Penis Blut. Der Akt des Opfers bestätigte für den ganzen kommenden Katun die Verbindung zwischen Ah Cacao und dem heiligen Kalender, der das Leben seines Volkes regulierte.

Die Verwendung der Langen Zählung ging um 900 n. Chr. mit dem Zusammenbruch der Klassik unter, doch der Katun blieb bis weit in die Kolonialzeit als wichtigster Rahmen für die Geschichte und Prophetie der Maya erhalten. Selbst Landa konnte sich einer widerstrebenden Bewunderung für die letzten Reste des alten Kalenders nicht erwehren: »Wenn es der Teufel war, der diese Zählung der Katun erfunden hat, dann tat er das, wie gewohnt, zu seiner eigenen Ehre.«

*Der Wahrsager Andrés Xiloj aus Momostenango (Guatemala) beginnt mit einem Gebet an die Erde sein Orakel, bei dem er mit Samen und einem Mayakalender mit 260 Tagen günstige Tage ermittelt.*



Bob Sach

Bob Sacha

*Aus dem mittleren Eingang des Gouverneurspalasts von Uxmal visiert der Archäoastronom John Carlson entlang einer alten Bezugslinie. Im Unterschied zu den meist etwa auf einer Nord-Süd-Achse angelegten Bauten der Stadt weicht dieser Palast von dieser Ausrichtung ab: Er liegt auf einer Nordost-Südwest-Achse; die Hauptfront ist also nach Südosten ausgerichtet. Um 900 n. Chr., als dieser Bau vollendet wurde, hätte ein Maya von hier aus über die Spitze einer 5 Kilometer entfernten Pyramide auf die Stelle am Horizont geblickt, wo die Venus an ihrer südlichsten Deklination als Morgenstern aufging. Weil Uxmal und andere Städte des Puuc allein vom Wasser der Regenzeit abhingen, das in Zisternen gespeichert wurde, huldigten alle dem Regengott Chac, und als der Palast vollendet wurde, hatte Uxmal einen König dieses Namens. Über 200 Chac-Masken aus Steinmosaik zieren die Fassade. Zu Ehren des Planeten tragen alle auf den Unterlidern das Symbol für Venus.*

*Zum Sonnenuntergang an den Tagundnachtgleichen im Frühling und Herbst kommen viele Besucher zum Castillo von Chichén Itzá (unten), um zu sehen, wie sich eine Schlange aus Licht und Schatten an der linken Treppe herunterwindet bis zu einem steinernen Schlangenkopf am Fuß. Manche glauben, daß die Maya den Bau, auch als Tempel des Kukulcán oder der Gefiederten Schlange bekannt, auf diese besondere Erscheinung des Gottes hin ausrichteten. Rechts: Viele Mayabauten waren Symbole, die den Kosmos einten. In Tikal stehen Venus und Jupiter in einer Linie über Tempel I. Für die Maya symbolisierten solche Pyramiden die heiligen Berge der Erde.*

Richard Alexander Cooke III.; Kenneth Garrett (rechts)

*Ein machtvoll menschliches Gesicht des Sonnengottes, aus Stuck über einer Steinbasis und rund 2 Meter hoch, flankiert eine Pyramidentreppe in Quintana Roo. Solche Masken zierten viele Tempel der ausgehenden Vorklassik und frühen Klassik, als die Könige danach strebten, sich selbst mit den Göttern zu assoziieren. Der T-förmige Zahn und das Bärtchen an seinen Mundwinkeln identifizieren diesen Gott als die Sonne. Rechts eine spätklassische Figurine aus Jaina: Ein lüstern feixender Greis drängt seine zweifelhaften Reize einer jungen Frau auf. Sie stellen wahrscheinlich die Sonne und den Mond dar, in der Tradition der Maya ein göttliches Ehepaar.*

Justin Kerr; David Allen Harvey (links)

Der Kalender:

# *Die Bücher der Maya*

Als eines der Schiffe von Hernán Cortés im Februar 1519 auf der Insel Cozumel landete, kamen die Spanier bald in ein Dorf, das die Maya gerade geräumt hatten, und stießen dort auf einige Überraschungen:

»Unsere Leute fanden sich zwischen leeren Häusern«, berichtet der Historiker Pedro Mártir, »und bemächtigten sich der Nahrung des Landes und fanden Verzierungen in verschiedenen Farben in den Häusern, Teppiche, Kleidung und Decken aus grober Baumwolle, die sie Hamacas nennen. Sie haben auch, o heiliger Vater!, unzählige Bücher.«

Fast ein halbes Jahrhundert später spürte Pater de Landa eine beunruhigende Macht in den hieroglyphischen Handschriften, die damals in Yucatán zirkulierten: »Wir fanden eine große Zahl Bücher«, schrieb er, »… und da sie nichts enthielten, in dem nicht Aberglaube und Lügen des Teufels zu sehen waren, verbrannten wir sie alle, was sie in erstaunlichem Maße bedauerten und was ihnen viel Kummer bereitete.«

Das Bestreben, die Mayacodices zu vernichten, war im großen und ganzen erfolgreich. Nur vier solche Bücher oder Fragmente sind erhalten und bekannt. Drei wurden als Beute der Eroberer nach Europa gebracht und tauchten im 18. und 19. Jahrhundert wieder auf; sie werden nach den Orten benannt, wo sie sich heute befinden: Dresden, Paris und Madrid.

Ein Großteil unseres Wissens über Astronomie und Kalender der Maya

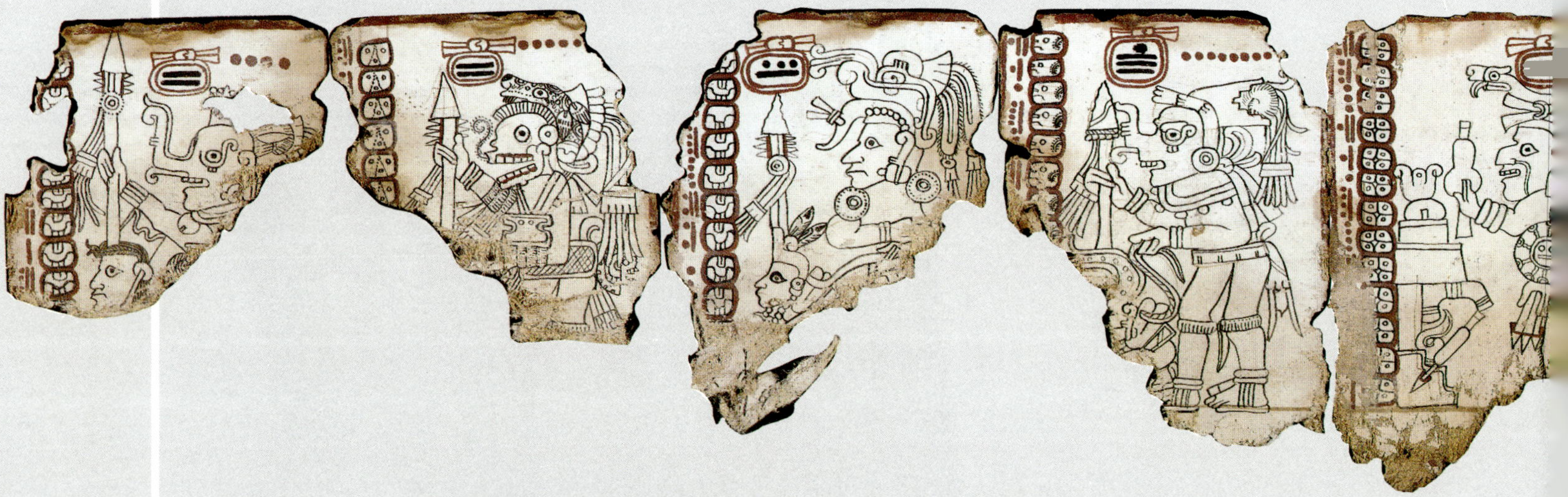

*Der Grolier-Codex, das vielleicht älteste erhaltene Mayabuch. Der Grolierclub, eine Gesellschaft, die sich seltenen Büchern und Handschriften widmet, stellte ihn 1971 zum erstenmal aus. Von seinen ursprünglich 20 Seiten sind nur die Fragmente dieser 10 Seiten erhalten.*

stammt aus diesen Büchern, denn sie alle sind vor allem astrologische Almanache, die günstige und ungünstige Tage sowie die Assoziation verschiedener Götter mit den Stationen des Kalenders nennen.

Der Dresdener Codex enthält genaue Tabellen der Kalenderarithmetik, die nicht nur die Zyklen der Venus als Morgen- und Abendstern korrekt angeben, sondern auch eine mathematische Beziehung wiedergeben, die die Kalenderpriester der Maya entzückt haben muß: Fünf Venuszyklen von 584 Tagen entsprechen acht Jahren von 365 Tagen.

Das vierte bekannte Mayabuch, der Grolier-Codex (unten), kam 1971 ans Licht, als Schatzsucher ihn in einer Höhle in Chiapas fanden. Er ist nichts Geringeres als ein Kalender über 104 Jahre, der Venus selbst gewidmet – dies bewies der Anthropologe Floyd Lounsbury von Yale, als er einige Skelettgestalten in der Mayakunst als Darstellungen der Venus als Abendstern erkannte. Die anderen Figuren zeigen die Venus als Morgenstern oder in den beiden Zwischenphasen, wenn sie unsichtbar ist. Der Archäoastronom John Carlson, der den Codex im Detail studiert hat, hält die Handschrift für das älteste bekannte Mayabuch, nach der C-14-Messung um 1230 n. Chr. entstanden. Wie die anderen Codices besteht es aus Feigenrinde mit einer Beschichtung aus Kalk.

Obwohl wir Landas Rolle bei der Vernichtung der Mayabücher beklagen, begreifen wir seine Motive. Als Instrumente, die das Alltagsleben der Maya mit den Bewegungen des Kosmos in Verbindung brachten, hatten sie große Macht, wie Bücher sie in allen Zeiten hatten. Wie Dennis Tedlock sagt, reflektieren diese Bücher den Reichtum des Lebens der Maya in der Nachklassik.

Enrico Feroreli

*Als Hafen auf der Halbinsel Yucatán spezialisierte sich das nachklassische Tulum auf den Honigexport. Kaufleute wie der rechts gezeigte Händler könnten die Stadt regiert haben.*

FOLGENDE DOPPELSEITE: *Ein moderner Händler in Santiago Atitlán (Guatemala) trägt eine schwere Last. Das Gewicht wird durch ein Seil auf Kopf, Nacken und Rücken verteilt.*

Richard Alexander Cooke III.; University Museum, Philadelphia (oben); David Allen Harvey (folgende Doppelseite)

# Die Kaufleute

*Gene S. Stuart*

Der Hauptmarkt von Mérida in Yucatán mit seinem Gedränge ist ein dauerndes Fest für die Sinne. Verkäufer locken Passanten mit seidigen Avocado- oder goldenen Mangoscheiben, die auf scharfen Klingen stecken; Lautsprecher plärren Werbung und Schlager; Plakate werben für eine Band. Plastikeimer und Schüsseln in lebhaften Farben leuchten intensiv in der tropischen Sonne. Verkäufer und Käufer gestikulieren graziös beim Feilschen; Freunde treffen sich, küssen sich, tauschen Neuigkeiten und Gerüchte aus.

Die Geschäfte reichen von großen Läden mit wertvollen elektronischen Geräten bis zu kleinen Händlern, die auf dem Trottoir sitzen und ein paar Chilischoten oder Tomaten anbieten. Ladenschilder verkünden eindrucksvolle Titel, die sich die Händler zugelegt haben: »König des Plastiks«, »König der Hängematten«. Es gibt Fleisch, Matten, Taschen, Körbe, Hüte und warme Speisen. Man findet Huipils – bestickte Mayagewänder – ausgebreitet oder Reihen von Fisch- und Lederständen. Bunte Vögel sind frisch gefangen: kleine, grüne Papageien sitzen stoisch in der ungewohnten Gefangenschaft; lebhafte Kardinäle flattern vergeblich gegen die Gitterstäbe.

Die Atmosphäre eines mittelamerikanischen Marktes ist seit 2000 Jahren unverändert. Die antiken Mayastädte hatten wahrscheinlich ebenso geschäftige Handelsplätze in ihrer Mitte.

Ab dem 9. Jahrhundert und bis zum Ende der Nachklassik 1512 waren das Wachstum von Händlergruppen und der Seehandel wichtige Aspekte der Mayagesellschaft.

Die meisten Forscher meinen heute wie Sir Eric Thompson, daß die Wellen von Eindringlingen, die im nördlichen Tiefland der Maya auf der Halbinsel Yucatán eintrafen, ein und dasselbe Volk waren – die Putunes. Sie waren eine »vorandrängende Gruppe, stark beeinflußt von mexikanischsprachigen Nachbarn«. Diese kriegerischen Kaufleute aus dem Tiefland der Golfküste in Tabasco und dem südlichen Campeche kontrollierten die Seewege um die Halbinsel. Die stolzen Maya der Halbinsel nannten die Fremden »zügellose Lüstlinge« und verachteten diese Sprecher einer anderen Mayasprache, »die nicht die Sprache des Landes kennen, Stammler oder Stotterer«.

Das Vordringen der Putunes war wahrscheinlich keine direkte militärische Eroberung, sondern eher eine Reihe von Überfällen, feindlichen Übernahmen und Zwangsbekehrungen. Es leitete eine neue Epoche der Maya ein – eine Epoche intensiver »internationaler« Geschäfts- und Handelsbeziehungen.

In der Vorklassik entstanden lange Festlandshandelswege, die die Herrscherfamilien mit exotischen Waren versorgten. In der Klassik gingen traditionelle Händler und ihre Gehilfen mit Warenbündeln über Fußwege oder fuhren mit Kanus über Flüsse.

In der Nachklassik waren Handelswege zu Land und auf Flüssen weiterhin wichtig, aber große, seetüchtige Kanus revolutionierten den Handel. Mit ihnen konnte man nicht nur schneller reisen, sondern auch Waren in größerer Vielfalt und Menge transportieren. Ein Händler, der zu Fuß ging, konnte wahrscheinlich zwei Metates tragen – Maismahlsteine aus Vulkangestein –, ein großes Kanu hingegen konnte sehr viele mitführen. Und im neuen Konsumzeitalter fragten mehr Gesellschaftsschichten nach einer größeren Vielfalt an Gütern: Im Tiefland waren Dinge wie seltene Steine und vulkanische Asche zum Mischen mit Ton gefragt, das Hochland importierte Delikatessen wie lebende Leguane, Heilkräuter und Tabak.

Das begehrteste Gut war Salz, und die Nordküste Yucatáns war eine wichtige Quelle dafür. Diego de Landa schrieb von einem Salzvorkommen, das bei der Isla Mujeres begann und sich um die Küste nach Westen krümmte, fast bis zur Stadt Campeche. Er bemerkte: »Gott hat dort eines der besten Salze geschaffen, das ich je in meinem Leben gesehen habe.«

Außerdem exportierte Yucatán Honig und Bienenwachs, Vogelfedern, zum Beispiel von eigens gezüchteten Enten, Baumwollstoffe und Sklaven. Produkte des Tieflands waren unter anderem Kakao, Kalk zum Bauen, Vanille, Felle von Jaguaren und anderen Wildtieren sowie Federn von Kolibri bis Tukan. Die Wälder des Tieflands gaben das Harz von Kopal und Gummibaum – beide heilig und in Ritualen verwendet.

Das Hochland exportierte Rohstoffe wie Jade, Basalt, Serpentin und Obsidian. Federhändler boten Quetzalfedern aus den Bergen von Chiapas, Honduras und Alta Verapaz feil, einer Provinz in Zentralguatemala. Hochland und Tiefland tauschten Töpferwaren aus. Muscheln kamen von beiden Küsten. Metallgegenstände aus Gold, Kupfer und Legierungen, in Form kleiner Glöckchen und Schmuckstücke gegossen, wurden zu Statussymbolen der Elite. Sie kamen aus dem Landesinneren, etwa Oaxaca in Mexiko, oder aus fernen Ländern wie Panama und Costa Rica.

Kaufleute fuhren zur See in Kanus aus ausgehöhltem Mahagoni oder anderen tropischen Harthölzern, die zwischen 13 und 17 Meter maßen. Ihr westlichster Hafen war Xicalango auf der Laguna de Terminos, nicht weit vom Ostrand des großen Aztekenreiches. Der geschäftige Hafen hatte eine internationale Mischung von Bewohnern und ein entsprechendes Sprachengewirr. Der Archäologe John S. Henderson von der Cornell University schreibt: »Es war eine kosmopolitische Stadt, wo sich Chontal-Mayas, Yucateken und Händler anderer Mayastämme mit den Mexikanern der Golfküste mischten. Sogar aztekische Kaufleute aus Zentralmexiko hatten hier eine Enklave.«

Die Pochteca genannten aztekischen Händler dienten als Spione und berichteten ihrem Kaiser über den Wohlstand und die militärische Stärke der Region. Die Maya unter den Händlern glichen den Pochteca in vielerlei Hinsicht und erstatteten wahrscheinlich ihren Herren Bericht. Der Franziskaner Bernardino de Sahagún schrieb über die aztekischen Händler und ihre Vorstöße in das Tiefland: »Diese Händlerpioniere gingen in die Küstenländer und sahen sich sorgfältig nach Gütern um, mit denen sie handeln konnten. … Sie reisten, erschöpft von Hitze und Wind. … Sie gingen seufzend, auf müden Füßen, in großer Mühsal.« Bewaffnet legten sie Hunderte von Kilometern zurück. Die Maya wurden auf ihren Handelsreisen vom Nordstern geleitet und von Ek Chuah beschützt, der manchmal als Gott der Kaufleute und auch als Gott der Kakaopflanzer gedeutet wird. Kakaobohnen dienten als wichtigste Währungseinheit für den internationalen Handel.

Wenn Kanus von Xicalango abfuhren, blieben sie zumeist in Küstennähe und navigierten mit Hilfe von natürlichen Orientierungspunkten, Schreinen und Signalfeuern. Überall an der Küste gab es Siedlungen und natürliche Häfen. Könige von

Städten im Binnenland kontrollierten oft Handelshäfen, und Chichén Itzá hatte die Isla Cerritos direkt vor der Küste. Der mexikanische Archäologe Tomás Gallareta und Anthony P. Andrews vom New College of the University of South Florida fanden bei Ausgrabungen dort »Ruinen von Docks und Piers, während am Südufer eine über 330 Meter lange Mauer im Meer einen künstlichen Hafen umschließt, der einst vielen Kanus Schutz bot«.

Wenn die Händler die Nordostspitze der Halbinsel umrundeten, kamen sie in das türkisblaue Wasser der Karibik und zu den geschäftigen Häfen des Ostens, die zum Teil auch Pilgerstätten waren. Die Insel Cozumel hatte einen Schrein der Mondgöttin Ixchel. Weiter unten an der Küste leuchteten die blauen Häuser Tulums hoch auf einem Kliff über einem Sandstrand. Südlich davon kontrollierte die große Stadt Chetumal einen Knotenpunkt der Handelswege auf See und zu Lande. Am südlichsten Punkt des Golfs von Honduras erreichten die Kaufleute der Putunes ihr östliches Ziel: die blühenden Hafenstädte Nito und Naco.

Von Xicalango nach Naco legte ein Kanu gut 1500 Kilometer zurück. In Nito und Naco tauschten die Putunes Waren mit Händlern aus dem tiefen Süden des Mayareiches, die ebenfalls eine unglaubliche Reise hinter sich hatten; manche kamen von so fernen Ländern wie Panama und Costa Rica.

Die Königsfamilien der nachklassischen Maya verschmähten es nicht, sich aktiv an dem Handel zu beteiligen, den sie kontrollierten. Als Mayapán an das Geschlecht der Xiu Tutul fiel, wurden der König und alle seine Söhne bis auf einen getötet. Der Prinz, der auf diese Weise dem sicheren Tod entging, war Händler und auf Geschäftsreise in Honduras.

Auf seiner vierten und letzten Reise in die Neue Welt begegnete Kolumbus 1509 in der Nähe der Islas de la Bahía im Golf von Honduras einem Handelskanu. Dies war wahrscheinlich sein einziges Zusammentreffen mit Eingeborenen des Festlandes.

Wie Augenzeugen und Chronisten berichteten, reisten über 25 Männer sowie Frauen und Kinder in einem Boot, das gut 2,5 Meter breit und so lang wie eine spanische Galeere war, mit einer Kajüte in der Mitte des Schiffes. Bartolomé de las Casas, der Bischof von Chiapas, machte eine Liste der Ladung; sie umfaßte Baumwollmäntel, Huipils und Lendentücher, alle mit bunten Mustern, Holzschwerter mit scharfen Feuersteinklingen, Glocken und Äxte aus Kupfer sowie große Mengen Kakaobohnen. Eric Thompson meinte, diese Reisenden könnten von Xicalango abgefahren sein und in vielen Häfen angelegt haben, um mit Waren aus vielen Regionen zu handeln. Er schrieb: »Man kann vermuten, daß Händler und Mannschaften Putunes waren, … die Phönizier Mittelamerikas.«

*Lebhafte und kräftige Farben – Haushaltsartikel aus Plastik sowie Obst und Gemüse zur Dekoration blenden das Auge auf dem Markt in Mérida (Yucatán).*



Otis Imboden

Gianni Vecchiato (alle)

*Der Markttag, ein traditionelles wöchentliches Ereignis in ganz Guatemala, entfesselt eine Flut von Farben, Lauten und Gerüchen, wenn die Verkäufer ihre Waren ausbreiten – von Zwiebeln und Blumenkohl bis zu Chilischoten, Rettichen, Kürbissen und Kartoffeln. In Chichicastenango bietet eine Frau Hühner feil; in Zunil schlummert ein Kind auf einem Sack Mais.*

Der pinocchionasige Ek Chuah, auch als Gott der Händler gedeutet, reißt Possen auf einem bemalten Gefäß. In der Rechten hält er einen Fächer, das Symbol der Händler. Nachts, schreibt Pater de Landa, beteten Reisende »zu Ek Chuah, daß er sie sicher wieder heimbrächte«. Rechts: Vor kurzem kam bei Ausgrabungen in Cacaxtla, etwa 130 Kilometer von Mexiko-Stadt entfernt, ein Wandgemälde an einer Treppe zutage. Es zeigt einen wandernden Händler, der vielleicht eine Verschnaufpause macht; sein Bündel hat er auf einen Stock gelehnt, der auch als Wanderstab dient. Sein breitrandiger Hut mit einem Ungeheuer darauf ist mit einem Rucksack verbunden, der mit Salz, Quetzalfedern und einem Schildkrötenpanzer von der fernen Golfküste bepackt ist. Cacaxtla war in seiner Blütezeit zwischen 650 und 900 ein großer Handelsknotenpunkt. Auf den Pfaden, die dort zusammenliefen, kamen bewaffnete, kriegerische Händler, schwer beladen mit Exportgütern – Obsidian, Textilien und Bimsstein zum Mahlen von Mais. Mit Kakao, Quetzalfedern und zur Opferung bestimmten Gefangenen kehrten sie zurück.

Justin Kerr; Enrico Feroreli (rechts)

Kenneth Garrett (beide); Michael und Patricia Fogden (rechts)

*Luxusgüter – Federn des scharlachroten Aras, Kakao und Schwanzfedern des legendären Quetzals (rechts) waren bei den Maya begehrt. Aus den Kakaobohnen wurde das Getränk der Oberschichten gemacht; außerdem wurden sie als Geld benutzt. Die Pflanzungen waren in der Hand des Adels. Aus Vogelfedern wurden Verzierungen hergestellt, die den Rang anzeigten. Nur die herrschende Schicht trug die langen, wippenden Schwanzfedern des Quetzals, die lebenden Vögeln ausgerissen wurden. Einem Chronisten zufolge war jedem Nichtadligen der Tod gewiß, wenn er einen Quetzal tötete. Diese und andere Waren – Salz, Textilien, Tierfelle, Honig, Mahlsteine, Kupferschmuck und Keramik – wurden oft von handeltreibenden Putunes gebracht. In der Nachklassik monopolisierten ihre Riesenkanus die Seewege um die Halbinsel Yucatán zwischen der heutigen Laguna de Terminos und Honduras. Ein einziges großes Kanu konnte viel mehr Ladung schneller und billiger transportieren als ein Heer von Händlern zu Lande.*

Ein Mayabootsbauer am Ufer des Río Dulce in Guatemala gibt einem ausgehöhlten Kanu Form und Anmut. In alten Zeiten bauten Handwerker große und kleine Boote mühsam mit Breitbeilen aus Stein oder Muscheln. Zum Aushöhlen zündeten sie Feuer entlang der Stämme an und schabten das verbrannte Holz aus. Unten: In Chiapas staken Bootsleute aus Corozal den Río Usumacinto hinab. Diese Art des Reisens ist seit den frühesten Mayazeiten üblich und wird noch heute praktiziert.

David Hiser/Photographers Aspen; Kenneth Garrett (links)

# Die Kaufleute: *Luxusgüter*

Als der Aztekenkaiser Moctezuma II. 1519 von der Ankunft Hernán Cortés' an der Golfküste von Veracruz hörte, vermutete er, der Besucher sei ein Gott, und schickte Gaben, die eines Gottes würdig waren. Seine Gesandten kleideten Cortés in den kostbaren Staat des Gottes Quetzalcóatl, Gefiederte Schlange – »die Schlangenmaske aus türkisfarbenem Mosaik mit dem Kopffächer aus Quetzalfedern«, wie der Franziskaner Bernardino de Sahagún schreibt. Und »auf seinen Arm legten sie den Schild mit überkreuzten Bändern aus Gold und Muscheln und mit ausgebreiteten Quetzalfedern.« Der spanische Führer fragte kühl: »Sind das all eure Begrüßungsgeschenke, alle eure Geschenke für mein Kommen?« Er hatte festgestellt, daß die Alte und die Neue Welt unterschiedlichen Dingen kommerziellen Wert beimaßen. Die Spanier suchten Gold, und Cortés wußte nicht – oder war zu arrogant, um anzuerkennen –, daß Quetzalfedern für Azteken und Maya so kostbar waren, daß sie nur Mitglieder von Königshäusern und Götter damit schmückten. Quetzals lebten vorwiegend in Bergwäldern. Die Vögel wurden mit Fallen an Wasserstellen gefangen, dann riß man ihnen die Schwanzfedern aus und ließ sie frei. Das Recht, Fallen zu stellen, war erblich und garantierte großen Wohlstand. Laut Bartolomé de

*Jade schimmert an einer Halskette aus der Klassik (unten), Ohrringen (rechts unten) und anderen Schmuckstücken aus Copán; der Kopf gehörte zu einem Gürtel.*

Kenneth Garrett (Schmuck); Fred Ward/Black Star (Kopf)

las Casas, Bischof von Chiapas, war das Fangen oder Töten eines Quetzals in Alta Verapaz ein Kapitalverbrechen, denn »diese Federn waren Dinge von großem Wert, weil sie sie als Geld verwendeten«. Abgesehen von ihrer Schönheit waren die Quetzalfedern wegen ihrer leuchtendgrünen Farbe heilig. Sie ähnelten den Blättern des Mais, der Pflanze des Lebens. Das Gleiche galt für die Farbe der Jade. Sie stammte hauptsächlich aus dem Flußtal des Motagua im Hochland von Guatemala. Der Jadehandel ging zuweilen in beide Richtungen: Nachdem die Maya des Hochlandes den Rohstoff ins Tiefland exportiert hatten, führten sie ihn als Figurinen und Schmuckstücke wieder ein, die von den geschickteren Kunsthandwerkern des Tieflands gefertigt waren. Metall wurde für die Maya erst in der Nachklassik wichtig. Die größte Zahl von Metallgegenständen, die bisher im Mayagebiet gefunden wurde, stammt aus dem Cenote-Opferbrunnen in Chichén Itzá. Als Cortés sich der Aztekenhauptstadt Tenochtitlán näherte, waren die Azteken erstaunt über die Reaktion der Spanier auf ihre Geschenke, unter denen auch Gold war. Gierig griffen die Spanier nach dem Metall. Sahagún zitiert einheimische Quellen: »Ihr Durst nach Gold war eindeutig unstillbar; sie hungerten danach; sie lechzten danach; sie wollten sich damit vollstopfen, als wären sie Schweine.« Für die Maya hatte Gold nie den höchsten Wert, aber vielleicht wegen seiner erstaunlichen Farbe und aus Liebe zu Metaphern nannten die yukatekischen Maya es Takin – Exkrement der Sonne. Das Wort ist noch heute eine Art Metapher für den Handel, denn im modernen Yukatekischen bedeutet Takin »Geld«. Und die Guatemalteken ehren noch immer eine der wertvollsten Ressourcen ihrer Vergangenheit: Ihre offizielle Währungseinheit heißt Quetzal.

# Eroberung

*Alt und Neu stehen nebeneinander in Acanceh, Yucatán: Coca-Cola und eine frühklassische Pyramide teilen sich eine staubige Straße, auf der Frauen in traditionellen Huipils gehen.*

*Triumphierendes Christentum: Das Kloster San Antonio in Izamal wurde 1553 begonnen – auf einer alten Mayaplattform. Im riesigen Innenhof versammelten sich frischbekehrte Maya, um getauft und im Katechismus unterwiesen zu werden und Predigten anzuhören. Rechts: Bei einem Tanz in Guatemala lugt ein Kind unter einer Konquistadormaske hervor.*

FOLGENDE DOPPELSEITE: *In Chichicastenango tanzen Maskierte den Tanz der Festgäste, der spanische Kolonialherren und ihre höfische Festkleidung nachahmt.*

Otis Imboden; Gianni Vecchiato (rechts und folgende Doppelseite); David Allen Harvey (vorhergehende Doppelseite)

# Eine lange Kapitulation

*Gene S. Stuart*

Die erste bekannte Begegnung zwischen Spaniern und Maya vom Festland ereignete sich 1511, als eine spanische Karavelle bei Jamaika sank. Laut Pater de Landa »kamen nicht mehr als zwanzig Mann davon. Diese nahmen zusammen mit Valdivia [einem Beamten] das kleine Boot ohne Segel, mit schlechten Riemen und ohne Nahrungsmittel. Sie irrten dreizehn Tage über das Meer. Nachdem fast die Hälfte Hungers gestorben war, erreichten sie die Küste von Yucatán in einer Provinz, die Maya hieß.«

Sie strandeten in einer östlichen Provinz, deren König Valdivia und vier andere opferte und verspeisen ließ. Gonzalo Guerrero, Gerónimo de Aguilar und ihre überlebenden Kameraden fand der König hingegen zu dünn zum Essen. Aguila schrieb: »Ich und sechs andere blieben in einem Pferch, damit wir bei einem anderen Fest, das bevorstand, fetter wären und ihrem Festmahl mit unserem Fleisch Glanz verleihen konnten.«

Die verzweifelten Spanier entkamen zu einem rivalisierenden, »gnädigeren« Herrn, der »sie als seine Sklaven benutzte«, aber alle außer Aguilar und Guerrero starben an Krankheiten. Sie überlebten eine Seuche – möglicherweise die Pocken –, die 1515 oder 1516 die Halbinsel heimsuchte, die erste der europäischen Krankheiten (darunter auch Masern, Grippe und Typhus), die die Bevölkerung dezimierten.

Bald überfielen spanische Entdecker jährlich die Küste der Halbinsel. 1517 segelte Francisco Hernández de Córdoba von Havanna zu einer Entdeckungs- und Handelsreise ab. Geblendet von Phantasien des Reichtums stach Juan de Grijalva 1518 in See, zusammen mit Pedro de Alvarado, der später die Maya im Hochland Guatemalas unterwarf, und Francisco de Montejo, der die Halbinsel eroberte. An der Ostküste meldete Grijalvas Kaplan »eine Stadt, so groß, daß Sevilla nicht bedeutender oder besser scheinen mochte; man sah dort einen sehr großen Turm.« Es war wahrscheinlich Tulum. Im Golf von Mexiko kam Grijalva in die Nähe des großen Hafens Xicalango und an den Rand des Aztekenreiches in Veracruz.

Im folgenden Jahr kam Hernán Cortés mit den Kapitänen Montejo und Alvarado. Die Expedition landete zuerst auf der Insel Cozumel, wo sie Götterbilder zerstörten und ein Kreuz aufstellten. Sie hörten von »bärtigen Männern« und fanden Aguilar, der »vor Entzücken weinte« und sich Cortés gern anschloß. Sie segelten weiter, um die Azteken zu erobern. Guerrero hingegen hatte sich nach Chetumal im Süden durchgeschlagen, war Feldherr des Herrn Nachan Can geworden, hatte eine Dame königlichen Geblüts geheiratet und »liebte seine Kinder sehr«. Aguilar sagte, Guerrero habe ein Rettungsangebot zum Teil deshalb abgelehnt, weil »seine Nasenlöcher, seine Lippen und Ohren durchbohrt waren, sein Gesicht bemalt und seine Hände tätowiert«. Guerrero war ein glücklicher Maya geworden, und obendrein ein hochrangiger. Später trafen die Spanier seinetwegen auf militärisch ebenbürtige Gegner: Er hatte seine Mayasoldaten in spanischer Kriegstaktik geschult.

Alvarado war berüchtigt für seine erschreckende Grausamkeit bei der Eroberung der Azteken; dann zog er unter Cortés' Befehl nach Süden in die zersplitterten Mayareiche des Hochlands. Am 6. Dezember 1523 verließ er Mexiko-Stadt mit 300 Infanteristen, 120 Kavalleristen und einer kleinen Truppe mexikanischer Indios. Er war ein herzloser, aber gutaussehender Mann. Ein Soldat, der ihm diente, schrieb: »Er war etwa 34 Jahre alt, als er hierher kam, von guter Größe und wohlproportioniert, mit einer sehr heiteren Miene und einem gewinnenden Lächeln, und weil er so gut aussah, gaben ihm die mexikanischen Indios den Namen ›Tonatio‹, das heißt ›Sonne‹.«

Von Anfang an spielten die Spanier rivalisierende Gruppen geschickt gegeneinander aus, und wegen der Feindschaft zwischen den führenden Maya des Hochlands – den Cakchiquel und den Quiché – beteiligten sich die mächtigen Cakchiquel 1524 an der endgültigen Niederwerfung der Quiché. Eine entscheidende Schlacht fand in einem Tal statt, in dem die Armeen der Spanier ins Handgemenge gerieten. Alvarado berichtete: »Wir begannen, sie zu erdrücken, und verstreuten sie in alle Richtungen und ... wirkten die größte Zerstörung der Welt an einem Fluß.« Tecum, der militärische Führer der Quiché und Enkel des Königs, schlug Alvarados Pferd nieder, bevor er selbst fiel. Er trug Quetzalfedern an Armen und Beinen, Spiegel auf Brust, Stirn und Rücken und eine Krone aus Gold und Edelsteinen. Der Legende zufolge wurde das Tal wegen der Federn, die er trug, Quetzaltenango genannt – »Ort des Quetzals«. Der Name des Flusses bedeutet »Blutfluß« – wegen seiner Farbe am Ende der Schlacht.

Eine guatemaltekische Legende erzählt, daß an jenem Tag etwa 30 000 Quiché starben; nach der Schlacht sei eine Heerschar von Quetzals vom Himmel auf die erschlagenen Krieger herabgekommen und habe sie mit ihren ausgebreiteten Flügeln bedeckt. Als sie wieder aufflogen, waren ihre Brustfedern blutgetränkt; bis heute tragen die Männchen leuchtendrote Brustfedern zum Gedenken an die gefallenen Helden.

Alvarado gründete am 25. Juli 1524 die erste Kolonialhauptstadt von Guatemala in Iximche, der Hauptstadt der Cakchiquel. Seine Eroberung war einträglich: Die Indios lieferten Gold als Tribut, und an den Hängen zum Pazifik wuchs Kakao von so erlesenem Geschmack, daß er für die Spanier reserviert wurde. Doch es war ein instabiles Bündnis, und die Cakchiquel probten bald erfolglos den Aufstand. Dieses Muster des Widerstandes sollte sich jahrhundertelang wiederholen.

Nach dem Sieg über die Quiché zog Cortés von Mexiko-Stadt nach Honduras, um die Rebellion eines spanischen Beamten niederzuschlagen. Er war der erste Europäer, der durch das wilde südliche Tiefland der Maya reiste. Im März 1525 erreichte seine Armee den See Petén Itzá, und König Canek zeigte dem spanischen Führer seine Hauptstadt auf der Insel, Tayasal. Cortés stieß weiter vor durch tückisches Terrain, ließ aber ein Pferd zurück, »dessen Fuß von einem Stock durchbohrt war und das nicht laufen konnte. ... Der Herr versprach, er werde es gesundpflegen.« Die Itzá kannten keine Pferde und verehrten das Tier als Gott. Sie gaben ihm Huhn und Fleisch zu fressen und brachten ihm Blumenopfer dar. Bald starb das Tier, und die Itzá bildeten ihren neuen Gott in Stein ab, aber sitzend wie eine Gottheit in Menschengestalt.

Cortés und Alvarado wurden durch ihre Abenteuer in der Neuen Welt reich. Und 1527 versuchte Francisco de Montejo, sein Vermögen durch die Eroberung Yucatáns zu vergrößern. Doch obwohl er eine Armee hatte, die nach schnellem Sieg und kostbarer Beute gierte, zog sich das Unternehmen 19 elende Jahre hin.

Der Historiker Robert S. Chamberlain schrieb über einen frühen Beutezug: »Der Weg war rauh, die Sonne heiß, und fast die ganze Strecke führte durch dichten Busch, ideal für Hinterhalte.« Innerhalb von sechs Monaten hatten Krankheit und Krieg Montejos Truppe von etwa 275 auf 75 Mann dezimiert.

Im Lauf der Jahre legten einige Maya Treueeide ab; andere, berichtete Montejo, erwiesen sich als »kämpferisch, tapfer und kriegserfahren«. Die Spanier bekamen kaum Verstärkung, und viele desertierten. Nach sieben Jahren schrieb Montejo verzweifelt an seinen König: »Es gibt keinen einzigen Fluß, obwohl Seen da sind, und die Berge sind blanker Fels, trocken und wasserlos. ... Kein Gold ist gefunden worden, und es gibt nichts, das von Vorteil sein könnte.« Er hielt seine Armee mit Drohungen und Versprechungen zusammen, während, wie Landa schreibt, »die Indios es hart fanden, Ausländern in einem Land zu dienen, wo sie selbst Herren waren; sie begannen, ihn auf allen Seiten anzugreifen.« Die spanischen Siege ließen auf sich warten. Im November 1546 rebellierten die östlichen Provinzen; wütende Maya töteten oder opferten etwa 20 Spanier, ihre Familien, ihre einheimischen Diener und alles, »was nach Spaniern roch, auch die Herden«. Die Niederschlagung des Aufstandes im März 1547 war der offizielle Abschluß der Eroberung Yucatáns.

Theoretisch waren die einzigen noch unabhängigen Maya die Itzá, isoliert in der Wildnis des Zentralpetén in Guatemala. Dann besuchten die Franziskanerpriester Bartolomé de Fuensalida und Juan de Orbita 1618 Tayasal; sie wollten den König, der ebenfalls Canek hieß, und sein Volk christianisieren. Der König lehnte ab: »Die Zeit sei noch nicht gekommen, in der sie, wie ihre alten Priester prophezeit hatten, die Verehrung ihrer Götter aufgeben sollten.« Pater Orbita sah das Bild des Pferdegottes – mittlerweile fast 100 Jahre alt – und schlug es wütend in Stücke, was die Itzá empörte. Als die offizielle christliche Missionierung anhielt, waren die Itzá 1623 mit ihrer Geduld am Ende und massakrierten einen Priester, mehrere spanische Soldaten und etwa 90 christliche Maya während einer Messe.

Ein erstaunlicher neuer Fund offenbart die geheime und zuvor unbekannte Mission eines Franziskaners, die wahrscheinlich Anfang 1695 stattfand.

Als George Stuart 1988 in Mexiko war, erhielt er vier Seiten einer Handschrift, die fast bis zur Unleserlichkeit verblichen war. Alfred M. Yee von den Photographic Services der National Geographic Society fotografierte die Blätter unter UV-Licht, und die verblaßten Worte wurden wieder sichtbar. Die National Geographic Society hat das Dokument inzwischen dem Staat Mexiko geschenkt. Bei der Übersetzung des Texts stellte der Ethnohistoriker Grant D. Jones vom Davidson College fest, daß er von einem Besuch bei den Itzá berichtet und erstaunlicherweise den letzten Mayakönig lebhaft beschreibt.

Dem Bericht zufolge, den vielleicht ein gebildeter Maya aus Yucatán schrieb, verbrachten Fray Andrés de Avendaño y Loyola und seine Gefährten eine angsterfüllte Nacht in einer Kleinstadt am See Petén Itzá. Am Morgen hörten sie einen lauten

Schrei von den einheimischen Indios. »Und als wir aufsahen, erblickten wir einen großen Keil von Kanus, die aus der Richtung der aufgehenden Sonne kamen, alle geschmückt mit vielen Blumen, und sie spielten viel Musik mit Stöcken und mit Trommeln und Holzflöten. Und in einem, das größer war als alle, saß der König der Itzá, nämlich der Herr Canek, das heißt der Stern Zwanzig Schlangen. … König Canek hatte sich sehr schön geschmückt, auf seinem goldenen Haupt eine große Krone aus purem Gold mit einer Haube aus Gold, und er trug die Ohren bedeckt mit Goldscheiben. Und die Scheiben haben Anhänger, die wie Tücher baumeln und über die Schultern fallen, und auch an seinen Armen trägt er Reifen aus purem Gold. Und an den Fingern seiner Hände trägt er ebenfalls Ringe aus Gold. Und er ist gekleidet in eine Tunika, reines Weiß mit Farbe, vollkommen mit Stickereien in blauer Farbe verziert. … Und er gürtet seine Mitte mit einer breiten Schärpe wie einer Halterung, aber diese ist schwarz und bedeutet, daß Canek auch Priester der Itzá ist. Und seine Sandalen sind … aus blauem Garn mit vielen Goldglöckchen. … Als Canek am Ufer des Sees ankam, legten sie eine lange Matte aus, damit er auf ihr gehen konnte.«

Der König führte die Besucher nach Tayasal, gab ihnen zu essen und Unterkunft, und »Herr Canek sagte, wenn wir ein anderes Mal wiederkämen, würde er uns die Antwort geben, ob seine Familie und er abfallen und das heilige Sakrament empfangen würden.« Doch zu viele Caneks hatten zu lange gezögert. Am 13. März 1697 nahm spanisches Militär Tayasal an einem einzigen Vormittag ein.

Die Eroberung der Maya hatte 173 Jahre gedauert.

In der Kolonialzeit waren die Spanier klug genug, den überlebenden adligen Maya die Verwaltung zu überlassen – unter ihrem Kommando. Doch die Bevölkerung nahm besorgniserregend ab. Krieg, Hunger und Seuchen suchten Mittelamerika heim. In Yucatán allein schrumpfte die bereits schwer dezimierte Bevölkerung zwischen 1639 und 1736 um weitere 40 Prozent. Viele Familien flohen in Gebiete außerhalb der spanischen Kontrolle. Riesige Haciendas hielten viele Maya in einem System lebenslanger Schuldenfron, in dem Bücher gefälscht, niedrige Löhne gezahlt und Delinquenten am Schandpfahl ausgepeitscht wurden. Der Staat zog unmögliche Steuern ein und verkaufte Waisen als Diener, selbst wenn sie nahe Verwandte hatten, die für sie sorgen konnten.

Die Maya im Hochland und im Tiefland rebellierten, und die Weißen schlugen zurück. 1761 sammelte der örtliche Häuptling oder Batab von Cisteil in Yucatán 1500 Anhänger um sich und krönte sich zum König Canek. Aufgebrachte Weiße töteten 500 Maya und schleppten Canek nach Mérida, wo er gestreckt und gevierteilt wurde. Es folgte ein Jahrhundert immer wieder ausbrechender Aufstände, und wiederholt wurde Yucatán von Hungersnöten heimgesucht. Der berühmteste Maya-Aufstand war Yucatáns Kastenkrieg (Guerra de Castas). Der Krieg währte von 1847 bis 1848 und flammte 1895 wieder auf. Die gesamte Revolte dauerte bis 1902, als Mexiko die ruhelosen Ostprovinzen zum Territorium Quintana Roo zusammenfaßte. Doch die Atmosphäre blieb noch lange konfliktgeladen.

Gianni Vecchiato; Guillermo Aldana E. (folgende Doppelseite)

*Himmelblau gewandete Heilige, Engel und Cherubim empfangen Kirchgänger zu einem Gottesdienst in San Andres Xecul im guatemaltekischen Hochland. Als die Maya zum Christentum übergetreten waren, fanden sie Teile ihrer neuen Religion vereinbar mit ihrem alten Glauben. Mayagötter wurden christliche Heilige, und kirchliche Riten waren weitgehend austauschbar. So wurde die Mondgöttin Ixchel als Jungfrau Maria verehrt, und der sorgsam nach den Himmelsrichtungen angelegte Kirchenplatz wurde zum Mittelpunkt zeremonieller Aktivitäten.*

FOLGENDE DOPPELSEITE: *Am Karfreitag tragen Gläubige bei Antigua Guatemala einen Festwagen auf den Schultern und vollziehen den Weg Jesu zum Kalvarienberg nach. Ihre violette Kleidung ist Symbol für die Passion Christi. Die Inschrift lautet: »Jesus und seine Jünger beim letzten Abendmahl«. Die Osterfeierlichkeiten dauern in Guatemala eine Woche, und täglich gibt es Prozessionen. Jede Kirche hat ihren besonderen Heiligen, dessen Statue die Zelebranten tragen.*

JESUS
Y SUS
DISCIPULOS
EN
LA
ULTIMA CENA

Guillermo Aldane E.; Kenneth Garrett (rechts)

*Spanische Hellebardiers bewachen einen Balkon der Casa Montejo in Mérida; sie stehen auf den Köpfen besiegter Indios (links). Der Künstler kopierte diese Darstellungsweise für den*

*Triumph über Feinde von der Kunst der Maya. Francisco de Montejo, der Eroberer Yucatáns, baute das Haus. Unten: Ein junger Arbeiter stößt einen Wagen mit Henequen-Fasern aus einer 1912 erbauten Mühle. Die Blätter werden zerkleinert, um die weichen Teile von den Fasern zu trennen, die dann in der Sonne getrocknet und zu Seilen gedreht werden. Die Branche blühte in Yucatán am Ende des 19. Jahrhunderts und lieferte Takelage für Segelschiffe.*

## Eine lange Kapitulation:

# *Der Kasten-krieg*

Am Anfang des Jahres 1847 lasen Mayawahrsager in Yucatán ihre Kalender mit Hilfe heiliger Maiskörner und entdeckten schreckliche Vorzeichen: Gefährliche Zeiten standen bevor.

Damals lebten in Yucatán etwa 140 000 Menschen spanischer Abstammung und Mestizen – die für die Maya ebenfalls Weiße waren. Obwohl mindestens 75 Prozent der Bevölkerung Maya waren, regierten Weiße drei der vier Regionen von den Adelszentren Mérida, Campeche und Valladolid aus. Die vierte Region mit unabhängigen Indiodörfern unter der traditionellen Führung von Häuptlingen lag im Süden und Osten – das wenig bekannte Grenzland. Dahinter erstreckte sich der unerforschte, geheimnisvolle Regenwald.

Im Frühling 1847 pflanzten Mayabauern ihren Mais wie gewohnt, und der Regen kam wie erhofft, aber Häuptlinge im Grenzland hatten insgeheim Vorräte gesammelt und sandten immer wieder Botschaften. Ein alarmierter Haciendero meldete, er habe Indios in Aufbruchsstimmung gesehen, und ein Mayahäuptling wurde hingerichtet. Die Indios begannen mit kleinen Überfällen.

Dann brach am 30. Juli, nach 300 Jahren erlittener Versklavung, ein gewalttätiger Aufstand aus. Mehrere weiße Familien fielen den aufständischen Maya zum Opfer, die Männer, Frauen und Kinder gleichermaßen niedermetzelten. Am 6. August wurden alle weißen Männer von 16 bis 60 zum Militärdienst eingezogen. Die Maya brandschatzten Haciendas und kleine Städte und kauften Waffen aus British Honduras – heute Belize. Die Kämpfe nahmen zu, und beide Seiten meldeten unerbittliche Grausamkeiten. Selbst Säuglingen wurde ihre Hautfarbe nicht vergeben.

Im Januar 1848 belagerten schätzungsweise 12 000 bis 15 000 Maya Valladolid. Im März gelang vielen Stadtbewohnern die Flucht durch eine Bresche, die Soldaten in die Barrikaden gesprengt hatten. Der Historiker Nelson Reed schreibt: »Die dichte, gequälte Menschenschlange wurde in ihrer ganzen Länge angegriffen, mit Scharmützeln, wo Soldaten waren, mit Gemetzel, wo keine waren. Für die Maya war es eine großartige Racheorgie; ihr Feind war zu verstreut für wirksame Verteidigung, und für die Unbewaffneten genügte die Machete.«

Ende Mai ging die Trockenzeit zu Ende, es wurde heiß und drückend, und die Maya kontrollierten den größten Teil der Halbinsel. Eine aufständische Truppe war bis in die Vorstädte Campeches vorgedrungen; andere rückten auf Mérida vor. Die Bevölkerung dieser Stadt war durch Flüchtlinge von 48 000 auf 100 000 angeschwollen.

In der ausweglosen Lage plante das Militär einen bewaffneten Rückzug in die winzige Hafenstadt Sisal, wo Schiffe aus verschiedenen Ländern warteten, die Evakuierten aufzunehmen, aber es gab nicht mehr genug Papier, um den Befehl zu drucken. In Campeche und

Mérida ging das Gerücht um, die Maya planten ein generelles Massaker. Die Städte warteten angstvoll auf den letzten Angriff – einen Tag und eine Nacht, dann noch einen Tag. Das Militär sandte Kundschafter aus: Die Maya waren verschwunden. Jahre später erklärte Leandro Poot, der Sohn eines Mayaführers, was geschehen war: Die fliegenden Ameisen, Boten des ersten Regens, hatten zu schwärmen begonnen. Die Maya sagten: »Es ist Zeit, daß wir pflanzen, denn wenn wir es nicht tun, werden wir keine Gnade Gottes haben, um die Bäuche unserer Kinder zu füllen.« Die Häuptlinge »flehten und drohten, aber jeder Mann rollte seine Decke zusammen und legte sie in seine Proviantasche, schnürte seine Sandalen und brach auf nach Hause und zu seinem Maisfeld.«

Otis Imboden

*Ein anonymer Maler stellte die Kämpfe zwischen den Maya Yucatáns und den Spaniern im 19. Jahrhundert dar.*

# HEUTE

*Ein Kind füllt einen Wasserkrug in Chichicastenango, Guatemala. Heute sind die über 2 Millionen Maya die größte Gruppe amerikanischer Ureinwohner nördlich von Peru.*

Der in Gedanken versunkene Mann in San Jorge (Guatemala) bemerkt den Jungen nicht, der neben ihm spielt. Die Maya, die einst große Königreiche hatten, gehören heute meist zu den Ärmsten Mittelamerikas. Rechts: Bei einem Fest der Eingeborenenkulturen in Jocotan (Guatemala) genießt ein Festteilnehmer einen frisch zubereiteten Maiskolben – eine Delikatesse seit Urzeiten.

FOLGENDE DOPPELSEITE: *Nebel verhüllt den Ostergottesdienst in Chamula in Chiapas. Die Gläubigen erhöhen die Heiligkeit der christlichen Kreuze mit Pinien, einem Symbol des Lebens.*

David Allen Harvey (unten und folgende Doppelseite); Richard Alexander Cooke III. (rechts); Gianni Vecchiato (folgende Doppelseite)

# *Die lebenden Maya*

*Gene S. Stuart*

Die Maya von heute, deren Ahnen große Freude an der Sprache, an Wortspielen und poetischen Wendungen hatten, beschreiben ihre Welt gern in Metaphern. Eric Thompson zitiert moderne Wortspiele von der Halbinsel Yucatán: »Heiratsfähige Mädchen oder Jungen nennt man ›aufblühende Maispflanze‹; wer sich einmischt, wird mit den Worten getadelt: ›Warum trägst du ein Lendentuch, das nicht dir gehört?‹; rotglühendes Holz heißt Feuerblume. Die Unendlichkeit ist mehr als Haare an einem Hirsch. … Alte Männer heißen mächtige Felsen; ein hartherziger Mensch ist ›der mit dem Baumstammgesicht‹; wenn jemand vergißt, was er sagen wollte, erklärt er, die Fledermaus habe seine Geschichte weggetragen.«

Wie ihre Vorfahren fühlen sich die modernen Maya am sichersten im Zentrum eines organisierten Universums. Ein Maisfeld in Yucatán hat vier Seiten wie die alte Vorstellung von der Erde und ist in den vier heiligen Himmelsrichtungen angelegt, mit einer fünften in der Mitte. Gleichgültig, welche Gestalt eine Stadt angenommen hat: Sie wird als rechteckig angesehen. In isolierten Regionen der Halbinsel markieren die Maya noch immer die vier Ecken einer Siedlung mit christlichen Kreuzen, um die bestickter Stoff drapiert ist.

Auch Gemeinden im Hochland haben diesen Sicherheit vermittelnden Heimatbegriff. Die Einwohner der Stadt Quiché in Guatemala leben im Zentrum eines Universums, wo heilige Seen und Berge von ehrfurchtgebietender Macht die vier Himmelsrichtungen und die Grenzen ihrer unmittelbaren Welt angeben.

Wenn eine Weberin in Chiapas einen Huipil anzieht, der sich glatt um ihre Schultern legt, ist sie umgeben von gewebten Mustern, die ihre Abstammung, ihren Wohnort, Fruchtbarkeit, Regen und Wachstum bringende Heilige und Symbole zeigen. Wohin sie auch geht, bleibt sie so im Zentrum eines beweglichen Universums voller Harmonie und Erneuerung.

In ihrem Streben nach Gleichgewicht pflegen die Maya tiefe geistige Bindungen zwischen den Generationen, achten die Rolle des Menschen in der Natur und suchen ihre Rolle in der natürlichen und der übernatürlichen Welt in Einklang zu bringen. »Ich sehe die Maya in ihrer Haltung fast zenähnlich«, sagt der Anthropologe James D. Nations von Conservation International in Washington, D. C. Ein junger Kellner in einem Hotel bei den Ruinen von Uxmal beschrieb mir kürzlich seine Lebensweise: »Ich habe diese Arbeit, und sie gefällt mir. Ich habe etwas Land, einen Rancho hier in der Nähe, mit Obstbäumen, Schweinen, Hühnern. Meine Frau und ich haben ein neues Baby – nun sind es drei Kinder, und mehr planen wir nicht. Das Leben ist vollständig. In manchen Teilen Yucatáns gebrauchen sie ein neues Wort aus dem Englischen: ›Streß‹. Aber hier ist Ruhe.«

Die meisten Maya sind traditionelle Bauern geblieben, und Achtung vor der Natur erfüllt ihr Leben. Evon Z. Vogt von der Harvard University nennt fünf Kategorien heiliger Naturformen im Hochland von Chiapas: Berge, Bergpässe, Felsen, Bäume und Öffnungen oder Vertiefungen wie Höhlen oder Wasserlöcher. Am heiligsten sind Gegensatzpaare – Berg und Höhle, oben und unten, verehrter Ahnengott und gefürchteter Erdherr.

Berge gelten im Hochland als Wohnung gütiger Ahnengötter. Diese »Väter und Mütter« bewahren die Tradition und wachen über die Taten der Lebenden. In weit verstreuten Gemeinden wie Chamula und Zincantan praktizieren Traditionalisten eine Kombination aus Katholizismus und alter Mayareligion; bevor sie einen Berg besteigen und nachdem sie seinen Gipfel erreicht haben, zünden sie an Schreinen, die mit Kreuzen markiert sind, Kerzen an, sprechen Gebete und opfern Weihrauch, Speisen und Rohrzuckerschnaps. Diese Riten, schreibt Vogt, ähneln wahrscheinlich »dem Verhalten der alten Maya, die am Fuß der Pyramiden vor Stelen beteten und dann die Stufen hinaufstiegen, um vor den Götterbildern auf der Spitze zu beten«.

Im Gegensatz zu den Ahnengöttern und dem Erdherrn oder Erdbesitzer des Hochlands steht ein dicker, zigarrerauchender Gott von gemischtem oder weißem Blut. Er lebt unter der Erde, wo er riesige Stapel von Geld, große Viehherden, Pferde, Maultiere und Hühner hortet. Er ist gleichzeitig furchtbar und faszinierend; aus einer Laune heraus kann er einen Menschen mit großzügigen Geschenken, Geld oder Vieh segnen. Vogt fügt hinzu: »Doch dieser Gott, der viele Arbeiter braucht, kann einen Mann auch gefangennehmen und ihn zwingen, jahrelang unter der Erde zu arbeiten, bis die Eisensandalen, die er bekommt, abgetragen sind.«

Wie ein pflichtbewußter antiker Kalendergott, der das Jahr durch seine Bahn trug, nehmen Menschen aus Zincantan und anderen Gemeinden im Hochland die Last eines Amtes auf sich und sehen ihre Verantwortung als »Ladung«. Diese Ehre – diese symbolische Bürde und tatsächliche Autorität – wird meist gern übernommen. Zu den Pflichten gehört neben der Rechtspflege auch die Leitung religiöser Feste, gewöhnlich mit erheblichem finanziellem Engagement.

Es gibt auch Maya, die »die Tage einhalten«, wie die Götter es wünschten – sie zählen den Mayakalender mit Maiskörnern oder Samen und mit der zusätzlichen Hilfe besonderer, wirksamer Steine aus und sagen die Zukunft voraus.

Doch die Bevölkerung des Hochlands wächst, während die nutzbare Fläche gleich groß bleibt, und eine wachsende Zahl protestantischer Maya kann zusätzlich für lokale Disharmonie sorgen. Neue Siedlungen von Protestanten aus Chamula säumen die Umgehungsstraße um San Cristobal de las Casas. Anfang 1992 griff eine Gruppe von Traditionalisten aus Chamula sie in ihren Hüttensiedlungen an.

40 bis 50 Prozent der 9 340 000 Guatemalteken sind Maya. In Guatemalas dreißigjährigem Bürgerkrieg wurden 100 000 Maya getötet und eine Million vertrieben, und bis zu 200 000 sind nach Mexiko geflohen. »Im Juni 1993 werden etwa 45 000 Maya nach Guatemala zurückgeschickt«, sagte mir Jim Nations. »Sie sind dann zehn Jahre in Mexiko gewesen. Viele ihrer Kinder wurden dort geboren, haben aber nicht die Staatsbürgerschaft, und die anderen haben seit Jahrzehnten nicht im Hochland gelebt. Wohin kommen sie zurück? Ihr Land haben vor Jahren andere besiedelt.«

Im Tiefland von Chiapas, wo der Usumacinta und seine Nebenflüsse fließen, lebt das Bauernvolk der Lacandonen. Sie sind seit langem die isoliertesten Maya – und die traditionellsten. Laut Jim Nations, der mehrere Jahre bei ihnen gelebt hat und oft zurückkommt, gab es 1980 etwa 300 Lacandonen. »Heute sind es etwa 450. Eins ihrer

Dörfer, Naja, war einst im Wald verstreut, und sie lebten traditionell; heute drängen sie sich um eine Ölsucherstraße, wo sich die Entwicklung wie in einem Slum konzentriert.«

Der Wald der Lacandonen bedeckte 1943 rund 13 000 Quadratkilometer; heute sind es nur noch 5500. Der mexikanische Staat begann schon 1871, dort Bäume zu fällen, und seither hat sich die Holzproduktion beschleunigt. Neue Siedler, die keine Maya sind, roden den Wald für die Viehzucht, und neue Straßen haben weitere Tausende von Menschen gebracht.

»Mittendrin, in Naja, ist Chan K'in, der alte Häuptling, der jetzt etwa 90 ist«, erzählt Jim. »Die Dorfbewohner haben eine Mauer gebaut, damit er in seinem strohgedeckten Götterhaus ungestört ist, und nun hält er dort eine sechstägige Zeremonie ab, um die Macht der tönernen Gott-Töpfe zu erneuern, während direkt daneben schwere Lastzüge der Ölgesellschaft vorbeidonnern. Für Zeremonien stellen die traditionellen Lacandonen noch immer Rindenpapier her und besprenkeln es mit roter Farbe aus Annattosamen; es sieht aus wie Blutflecke. Es sind gewöhnlich die Leute von 35 bis 40 und älter, die noch konservativ sind. Die Jungen schneiden sich das Haar, tragen westliche Kleidung und fahren Lastwagen.«

Der bedrohte Wald der Lacandonen ist nur der westlichste Teil des größten verbliebenen Regenwaldes auf dem nordamerikanischen Kontinent. Wie eine riesige Jadedecke erstreckt er sich nach Norden durch Quintana Roo und das östliche Campeche in Mexiko und südlich nach Mittelamerika hinein über einen Großteil von Belize und die Provinz Petén in Guatemala. Von oben wirkt er wie eine unberührte Wildnis, aber die Bevölkerung Peténs allein ist in den letzten 30 Jahren von 20 000 auf über 300 000 hochgeschnellt, seit Ölspekulanten, Holzfäller, Viehzüchter und landlose Bauern dieses reiche Grenzland ausbeuten. Manche Experten glauben, daß der Wald beim jetzigen Tempo der Zerstörung im Jahr 2010 verschwunden sein wird. Um ihren gemeinsamen Wald zu schützen, haben die Staaten Guatemala, Mexiko und Belize 4 Millionen Hektar als Schutzgebiete und Nationalparks ausgewiesen. Die Maya und andere, die in Pufferzonen am Rand geschützter Gebiete leben, wissen, daß ihre Zukunft – so wie ihre Vergangenheit – im Wald liegt.

Experten sagen, daß eine Kombination aus Umweltschutz und umweltverträglicher Entwicklung die Lösung ist. Wie der Anthropologe Mac Chapin von Cultural Survival, Inc., einer Organisation für Eingeborenenrechte in Arlington, Virginia, sagt, haben die Eingeborenenvölker »jahrhundertelang in den Wäldern gelebt und Produktionssysteme und Lebensweisen entwickelt, die die Integrität der natürlichen Umwelt bewahren«. In Quintana Roo konzentrieren sich landwirtschaftliche Kooperativen auf die Produktion von Chiclégummi, um den Wald am Leben zu halten. Die Bewohner der Pufferzone in der Nähe der Maya Biosphere Reserve in Nordpetén finden es lohnender, erneuerbare Ressourcen wie Chiclé, Jamaikapfeffer und Farn für Floristen zu ernten, als den Wald für den Ackerbau zu roden und zu zerstören.

Conservation International fördert diese Projekte und wirbt zusätzlich für archäologischen und ökologischen Tourismus. Von den Touristen, die nach Guatemala reisen, besuchen 15 Prozent Peténs Tikal-Nationalpark mit den Ruinen der Stadt und dem Regenwald, der sie umgibt.

Eine neue Bewegung der Maya strebt aus der Verwurzelung in der Vergangenheit nach Überleben und Zukunft. Sie hat sich am Nordufer des Sees Petén Itzá entwikkelt, in der Stadt San José, die in der Kolonialzeit Motul San José hieß. Die Siedlung ist allerdings weit älter. Töpferwaren aus der Klassik in einem Königsgrab in Dos Pilas, so stellten Archäologen fest, waren Geschenke von der Elite Motuls. Jetzt hat eine Gruppe von etwa 35 Maya in San José ein 36 Quadratkilometer großes Waldstück, das sie Bio Itzá nennen, für 50 Jahre gemietet. Dazu Jim Nations: »Sie stellen nur zwei Bedingungen für den Beitritt: Man muß Itzá sprechen lernen, und man darf den Wald nicht abholzen. Es ist eine Bewegung ›Zurück zum Land‹, eine Neuerschaffung der Itzá-Gesellschaft.«

Für die Maya haben Gegensätze immer ein Ganzes, ein Vollständiges gebildet. Heute ist das Leben der modernen Maya ebenso geprägt von Flüchtlingen und Neuerschaffungen, von Umweltvernichtung und Umweltschutz, von Streß und Ruhe wie das ihrer Vorfahren.

Eine befreundete Maya in Merida – Guadalupe Cach, die Schwester meiner Schwiegertochter Gloria – wirkt wie die Verkörperung einer ausgeglichenen, harmonischen Mischung aus Modernem und Altem. Oft packt sie eine Aktentasche und fliegt zu geschäftlichen Konferenzen nach Mexiko-Stadt, aber sonntags fährt sie in die Stadt Ticul.

Dort besucht sie ihre große Familie, ißt mit ihnen traditionelle Speisen, spricht die yuakatekische Mayasprache statt Spanisch und bewundert die Huipils, die ihre Mutter und Schwestern besticken. Die Familienmitglieder machen Scherze und Wortspiele in der Mayasprache. Sie sprechen von den Jahren, in denen sie in den benachbarten Ruinen von Uxmal lebten, wo ihr Vater als Wächter arbeitete. Und sie alle erinnern sich an einen Urgroßvater, der vor langer Zeit gestorben ist – bei einer Revolution, wahrscheinlich während des Kastenkriegs. Doch die kleinen Jungen sitzen in einen Konflikt vertieft, den sie interessanter finden – Profi-Wrestling, das sie über Kabelfernsehen aus den USA empfangen.

Ticul ist eine alte Stadt und heute ein blühendes Zentrum für die Herstellung von Töpferwaren und Schuhen. Aber nur 300 Kilometer weiter südlich beginnt eine riesige, undurchdringliche Wildnis.

Östlich von Piedras Nigras, westlich von Tayasal im Norden Peténs und im Süden Campeches hören Straßen und Siedlungen auf. Breiten Sie Landkarten aus und schauen Sie genau hin: Sie zeigen ein paar Flüsse und Seen. Manche Stätten wurden gefunden und einige untersucht, darunter die Großstädte Calakmul und El Mirador. Doch es gibt weite, unerforschte Gebiete in diesem nördlichen Teil des Regenwaldes. Zeichen für menschliche Einwirkung sind nicht erkennbar. Messen Sie die Hunderte von Kilometern – es ist ein geheimnisvolles, wegloses Land, in das sich wenige vorgewagt haben, dessen Orte niemand kennt.

*In bunte Streifen gekuschelt schläft ein Mayababy aus Joyabaj (Guatemala) am Rücken seiner Mutter. Im Hochland Guatemalas und Mexikos zeigen besondere gewebte oder gestickte Muster das Heimatdorf des Trägers an. Die Männer kleiden sich immer weniger traditionell; einige tragen jetzt westliche Kleidung und Hüte. Die meisten Mädchen hingegen sehen Sticken und Weben als ihre heilige Pflicht an; sie glauben, daß die Heiligen – die ersten Weber – den Frauen die Muster gaben, als die Welt entstand. Manche noch gebräuchlichen Regen- und Fruchtbarkeitsmotive sind so alt – und so bedeutungsvoll –, daß sie in über 1000 Jahre alten Kunstwerken vorkommen. Schüchtern lächelt ein Mädchen, das in ein Regenbogentuch gehüllt ist, an einer Tür in Nebaj.*

Gianni Vecchiato (beide)

Kenneth Garrett

*In der Maismühle in Acanceh (Yuçatán) finden Familienmütter jeden Tag fröhliche Gemeinschaft. Die getrockneten Körner werden in einer Lösung aus Limonellen und Wasser weichgekocht und dann maschinell zu Teig verarbeitet. Früher standen die Frauen vor Tagesanbruch auf und mahlten den Mais stundenlang mit Manos und Metates aus Stein. Der vielseitige Maisteig – Masa – läßt sich zu Dutzenden traditioneller Gerichte bereiten, darunter Tamales und Tacos. Wahrscheinlich aber werden daraus Tortillas gemacht, die Hauptspeise der Maya. Mais war die Grundlage der Zivilisation der Maya, und in alter Zeit wurde er verehrt. Nachklassische Kunstwerke bilden rituelle Speiseopfer ab – Tamales aus Puten- oder Leguanfleisch, um die Gaumen der Götter zu erfreuen.*

*In Gleichgewicht und Harmonie – einem philosophischen Ideal der Maya – fährt eine Familie mit dem Fahrrad, dem gebräuchlichsten privaten Transportmittel auf der Halbinsel, über eine Landstraße bei Oxkutzcab in Yucatán. Eine Fahrt von 25 oder 30 Kilometern zur Arbeit, zu Freunden oder Angehörigen oder zum Markt ist nichts Ungewöhnliches. Die Frau ist festlich gekleidet im traditionellen, bestickten Huipil und weißen Unterrock Yucatáns; sie hält eine Machete – unentbehrlich zum Schneiden von Feuerholz und um sich einen Weg durch dichtes Gestrüpp zu bahnen – und eine volle Einkaufstasche. Gemüsegärtnereien und Obstplantagen im fruchtbaren Puuc machen Oxkutzcab zum Garten der Halbinsel. Große Lastwagen und bescheidene Fahrräder fahren in großer Zahl zu seinem üppigen Gemüsemarkt.*

David Allen Harvey

*Wachsame guatemaltekische Guerilleros binden sich bei einer Zufallsbegegnung am Río Usumacinta Tücher vors Gesicht, bevor sie sich fotografieren lassen. Sie gehören zu den marxistischen Fuerzas Armadas Rebeldes (FAR) und sind an einem Bürgerkrieg beteiligt, der Guatemala seit 30 Jahren verwüstet. Oft steht Maya gegen Maya, denn die Rebellen bekämpfen Soldaten und vom Militär kontrollierte Bürgerwehren. Der Krieg hat viele Dörfer im Hochland zerstört; in anderen leben fast nur noch Frauen und Kinder. Menschenrechtsorganisationen schätzen, daß der Konflikt 100 000 Tote gekostet hat; 40 000 sind vermißt und eine Million vertrieben – viele in Flüchtlingslager in Mexiko. Der Konflikt rückte im Oktober 1992 ins Rampenlicht der Weltöffentlichkeit, als die Quiché-Maya Rigoberta Menchú, seit langem eine Kritikerin der Menschenrechtsverletzungen durch das guatemaltekische Militär, den Friedensnobelpreis erhielt. In der Begründung wurde sie ein »lebendes Symbol des Friedens und der Versöhnung« genannt.*

David Hiser/Photographers Aspen

Kenneth Garrett; David Allen Harvey (folgende Doppelseite)

*Unschuld im weißen Kleid der Reinheit: Ein Mayamädchen empfängt kniend die Absolution vor der Erstkommunion in Telchaquillo, Yucatán. Daneben der gefesselte Christus in spanischem Stil. Das Mädchen hat den vorherrschenden Glauben der Region übernommen, eine harmonische Mischung aus dem spanischen Katholizismus des 16. Jahrhunderts und altem Mayaglauben.*

FOLGENDE DOPPELEITE: *In den nebligen Hügeln des Puuc arbeitet der Bauer Santos Lopez auf seinem Feld. Er erntet einige Kolben und biegt bei anderen die Stengel, um sie beim Trocknen vor Nässe zu schützen. Mais ist eine Gabe der Götter und das Wesen der Menschen, die sie geschaffen haben – sein Anbau ist eine Pflicht, die Lopez' Vorfahren aus den gleichen Gründen erfüllten: Er dient als Nahrungsmittel und für alte Rituale.*

# Dank

Der Verlagsbereich Buch der National Geographic Society dankt besonders Jeremy A. Sabloff, Professor für Anthropologie an der University of Pittsburgh, der den Text und die Abbildungen dieses Bandes durchgesehen und die Vorbereitungen zu diesem Buch mit fachlichem Rat begleitet hat.

Dank gilt außerdem den im Text genannten oder zitierten Personen sowie den hier angeführten für ihre Hilfe: Robert M. Carmack, James A. DeYoung, George A. Lawrence, Jesus Eduardo Lopez Reyes, John McCullough, Walter F. Morris jr. und George E. Watson III.

Die Zitate aus dem »Popol Vuh« wurden mit freundlicher Genehmigung des Verlages entnommen aus: Popol Vuh – Das Buch des Rates. Mythos und Geschichte der Maya. Aus dem Quiché übertragen und erläutert von Wolfgang Cordan. Eugen Diederichs Verlag, 6. Auflage, München 1990.

# Register